神様も至る所におらっしゃって、
宮崎はとっても素晴らしい所やっちゃが！

宮崎共和国のオキテ100カ条

～年齢は「こっせん」で計るべし！～

Mr.Bunny 監修　月刊九州王国編集部 著

もくじ

「観光地」のオキテ

「風習・土地」のオキテ

「町ルール」のオキテ

「言葉」のオキテ

「県民性」のオキテ

「祭事」のオキテ

このデータは2015年10月現在のものです。

Mr.Bunnyの「みやざきコラム」

神様も至る所におらっしゃってとっても素晴らしい所やっちゃが！

「太陽と緑のくに宮崎」「神話のふるさと宮崎」宮崎は本当に自然豊かで、太陽の陽射しがサンサンと降り注いで、神様も至る所におらっしゃってとっても素晴らしい所やっちゃが！

まこてこんげ素晴らしいモノが溢れている県は他にはないと私は思っちょっとです！

何が良いかって？

その1 食べ物がホントにてげ美味しい!!

2回連続日本一に輝いた、まさに和牛の王様「宮崎牛」や様々のブランドがある「豚肉」炭火焼きはもちろんのこと、刺身でも美味しい「鶏」などのお肉類。

「完熟マンゴー」や「たまたまきんかん」「パパイヤ」等のフルーツ。

「カツオ」「まぐろ」「サバ」に「鱧」「伊勢エビ」等の海の幸！

忘れちゃいけない「キュウリ」に「ピーマン」「トマト」「キャベツ」など。

野菜の味も格別なんです！

しかも安い!!食べ過ぎ注意！なくらいです。

その2 1年中遊べる!!

暖かくて、晴れた日も多い宮崎はスポーツするにはパラダイス。ゴルフは冬でも半袖でOKだし、県の東側は全部海、しかも波もいいのでサーフィンにも最適！プロ野球の

キャンプ地としても有名やろ。しかも、天然のスキー場やスケート場もあってウィンタースポーツも楽しめる！

で、最近ではフランス語に聞こえる西諸弁の小林市PR動画がネットで大ブレイクしたりと、嬉しい話題も豊富やわね〜。

　こんげいいとこだらけの宮崎県なんですが、宮崎はちょっとシャイで恥ずかしがり屋で奥ゆかしい人が多いので「宮崎にはな〜んも良い所はないっちゃが〜」ってつい言ってしまうとよね。

　ちょっと前には、宮崎を「どげんかせんといかん！」と頑張られてた知事もいらっしゃったしね。

そんなこんなで、「宮崎って
ホントてげいいとこやわ〜」
と、もう一度宮崎の人達が見
直すきっかけにこの本がなれ
ばいいなと思ってます。
東京オリンピック招致運動
で、にわかに流行語にもなっ
た「お・も・て・な・し」と
いう言葉。実はもう何十年も
前に、宮崎観光の父と呼ばれ
た「故・岩切章太郎」さんが
「おもてなしの心、人情の美を
持って観光客の皆さんに接し
なさい」と説かれていました。
そうなんです。宮崎県民の
心には、ずいぶんと前から「お
もてなし」の精神が備わって
いるので、なんだかあったか
い県民性なんです。
ま、この本は僕の独断と偏
見に充ちた内容になっていま
すので、「それ、まこつや⁉」と
いうぐらいの暖かい心を持っ
て笑って見て頂ければと存じ
ます！そこんとこ、よろしく
哀愁！

オキテ1

高校生のマフラーはタオルである。

Mr.Bunny
笑
実際は自転車通学するから夏は暑いからね。汗拭き用や。

90年代後半、都会ではルーズソックスにガングロ茶髪のコギャルが街を闊歩していたが、宮崎を席巻していたのは、「アムラー」ならぬ「タオラー」である。アムラーの必須アイテムといえばバーバリーのマフラーだが、宮崎の女子高生たちはマフラー代わりに首にタオルを巻いていた。しかも、ブランドものやキャラクターものではなく「○○商店」などの印字がなされた素朴なタオルの人気が高く、お得意さんから「娘が欲しがっているから確保しておいてくれ」との連絡が殺到。あまりの人気ぶりにオジさん・オバさんたちは首を傾げていた。この「タオラー現象」は宮崎を飛び出し鹿児島や熊本の女子高生たちにも飛び火、多様化する若者文化のひとつとしてメディアにも多く取り上げられていたが、次第にブームも落ち着きを見せる。ブームにあやかろうと大量入荷したタオルの在庫を抱えた商店も発生したとか。**アラサー・アラフォー世代の同窓会では「何であんなに欲しかったのか分からないもの」のひとつとして必ず話題に上がる。**スポーツジムなどで若い世代がタオルを首に巻いているのを見て「タオラーだね」など言おうものなら、けげんそうな顔をされジェネレーションギャップを痛感することになるので、ご注意を。

オキテ 2

高校の購買部ではジャリパンを買う。

高校の購買部ではすぐ売り切れるから予約して買ってた。

▲ジャリパン

宮崎で育った大人たちが、無性に食べたくなる思い出の味。それが「ジャリパン」だ。細長いコッペパンにたっぷりのバタークリームが塗られており、ひと口頬張ると**クリームに溶けきれない砂糖が「ジャリジャリ」と音を立てる**ことから命名されたという。昔から高校の購買部などで販売されていることが多く、育ち盛りの学生たちにとってはランチにもおやつにもなるありがたい存在なのだ。ジャリパンは学生たちの間で共通通貨としても扱われており、「今度の期末テストで成績が悪かった方がジャリパンをおごる」「約束を守れなかった罰としてジャリパン3本を献上」などの密約にも使われているとか。宮崎の高校生は、とにかくジャリパンが大好きなのである。いくつかのメーカーがジャリパンを製造しているが、最も有名なのは宮崎市内の「ミカエル堂」。工場併設の直売所で購入することもでき、抹茶やチョコ、イチゴなどのフレーバーを展開し、飽きのこない商品づくりを心がけている。

オキテ 3

女子中学生はもんぺ着用。

「もんぺ」といえば、戦時中に女学生たちが制服として着用していた木綿のズボンで、**懐かしのアイテムとして博物館や資料館などに展示されているが、宮崎県内では今もなお多くの中学校で採用されている。**入学時に購入する品目にもしっかりと「もんぺ」と記載されており、女子中学生たちは掃除の時間に全員が着用。スカートの汚れを気にすることなくしっかりと校舎の掃除に勤しんでいるのである。他県民に話すと「え〜！ダサ〜い！」と言われてしまうことも多いが、彼女たちの多くは「もんぺの良さも知らないなんてかわいそうね！」とへこたれることなくもんぺ愛を語る。

まず、汚れないのはもちろんのこと、あたたかいので寒空の校庭掃除ももんぺがあれば大丈夫。さらに思春期男子の目線だってガードしてくれる、女子の守り神。慣れると手放せなくなるアイテムだ。

今なお重宝されているようです。
Mr.Bunny
いいね!

オキテ4

綱引きはエイエイサー！

運動会のビッグイベントの綱引き。掛け声はもちろん、「エイエイエイサー!」だ。**他県からの転校生などは「どこで力を入れるのか分かりにくい」とちょっと戸惑う**が、宮崎育ちの子どもたちは「オーエスオーエス!」だと逆に間隔が短すぎて力が込められないと思っている。しかも、両チームが同時に引き合うのではなく、片方が「エイエイエイサー!」と引っ張っている間はもう片方は引っ張るのではなく、

踏ん張って耐える。それを交互に繰り返すのがルールである。相手チームが引っ張っている間に力を込めてこちらも引っ張り返すのは、絶対NG。スポーツマンシップに則っていない卑怯な行為としてブーイングの対象となるという鉄の掟がある。昔は十五夜の夜に五穀豊穣を祈り農民たちが綱引きをする際にこの掛け声を使っていたという古式ゆかしいルーツがある。

一番後ろは綱を胴体に結びつけるべし。
Mr.Bunny
幸

オキテ 5

運動会は赤団、白団。

運動会の組分けは赤組、白組だが、宮崎県内の小中学校では「赤団、白団」が一般的。過去をさかのぼると「赤軍、白軍」としていたこともある。生徒数が多くなるとさらに「青団、黄団（きだん）」も登場する。それが普通だと思っているので、他県で家庭を持った宮崎県人が子どもの運動会で初めてカルチャーショックを受けるという事も多い。少数派だと知ってはいても、「応援団」もあるのだから「赤団」のほうが正しいんじゃない？と密かに思い続けている。そして**「団」という響きも格好いいと思っている。**ちなみに、運動会で号令をかけるときは「赤組、着席!」ではなく、「赤団、着団!」である。

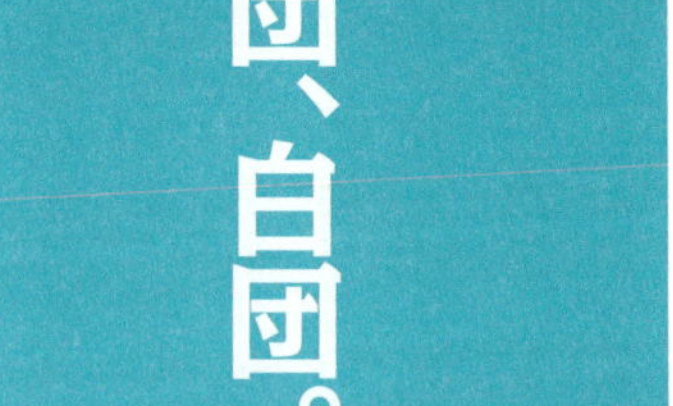
団長はヒーローになれるのだ。
Mr.Bunny
楽

オキテ6 黒板にはラーフル。

黒板消しをラーフルと呼ぶ。最近はこれがテレビなどの情報により「鹿児島県民特有のあるある」と思われているのが、ちょっと悔しい。宮崎県民にとっても昔から黒板消しはラーフルなのだ。何故そう呼び続けるのかは不明だが、おそらく小学校のベテラン教師たちがラーフルと呼んでいるものが若い世代の教師に引き継がれ、それが子どもたちに正式名称として認識されたのだろう。ちなみに電動のクリーナーは「ラーフルクリーナー」。**社会に出てからも会社のホワイトボードイレイザーを「ラーフル」と呼び続ける**が、何ら問題はないのでこれからもラーフルは消滅しないと思われる。

だいたい
何語なんやろ?
Mr.Bunny
謎

オキテ 7

小学校の運動会に、伊勢海老いっぱいのお弁当が並んでいた。

残念ながら閉校となってしまったのだが、太平洋を望む日南海岸沿いにある潮小学校の運動会では、かつて想像を絶する光景が広がっていた。なんと、運動会のお弁当が、どれも開けると伊勢海老でいっぱいなのだ。おせちのように一匹どーんとあるだけではない。**何匹も、それもものすごく立派な伊勢海老がお重いっぱいに詰まっている。宮廷晩餐会のような伊勢海老尽くしが、校庭で繰り広げられていたのだ。**

▲伊勢海老

▲日南海岸

このエリアはもともとイセエビ漁を生業とする家が多い。そのイセエビ漁が解禁となり、漁の最盛期を迎える頃、ちょうど運動会が開催されていたのだ。各家庭、特に漁師であるお父さんが一家の威信をかけて、より立派な伊勢海老を獲ろうと努力をする。結果、日本一豪華な「運動会のお弁当」合戦になっていた。

オキテ8 諸塚の小中学生は見知らぬ車にも挨拶をする。

「あいさつ日本一」のスローガンを掲げている諸塚中学校。東臼杵郡の山間にある小さな中学校だが、この学校付近を通ると見知らぬ子どもたちが必ず気持ちよく挨拶をしてくる。驚くのは、車で通ってもお辞儀をしてくれること。**行き交う車全てにお辞儀をし、行き交う人全てに「こんにちは」と声をかけるのだ。**この中学校の教えはエリア全体に行き届いているため、校区内の小学生も同じように挨拶をしてくれる。非常に気持ちの良い「おもてなしの心」が育っているエリアだ。

Mr.Bunny
幸
本当に気持ちのいい挨拶で涙が出る。

オキテ9 椎葉の不土野小学校は全員落語家。

宮崎市内からも車で3時間半、平家の落人が逃れてきたとも言われている山間に位置する椎葉村には全校生徒10人以下の不土野小学校がある。こちらの小学校、なんと全校生徒すべてが落語を話すことができるというから驚き。**町から離れた小さな村で育つ子どもたちが、人見知りをせず、大勢の前でも堂々と話すことができるように**と、もう四半世紀も前から先生方によって落語の授業が行われているのだ。今ではこの話を聞いたプロの落語家たちが先生として登壇することも。子どもたちは地域の公民館や子ども落語大会などでその腕前を実に堂々と披露しているという。

俺も小学校から
やり直したい!
Mr.Bunny
羨

オキテ 10 中学生の宿題実行率が全国1位。

小学生の頃は欠かさず提出できていた宿題も、中学生になるとついついサボってしまうことが増えてきがち。そうしたなかでも宮崎県の中学生たちは宿題実行率日本一。文部科学省の調査によると2014年の調査では94・3%。全国平均の88・2%と比較してみても、その徹底ぶりが分かる。**宮崎県は昔から宿題の量が他県より多いというウワサ**もあり、宿題の提出に重きを置く教師が多かったのだという。そうした教育を受けた親世代も、当然宿題を軽んじることなく子どもたちに徹底して実行させるので、自然と実行率が上がってきたといわれているのだ。

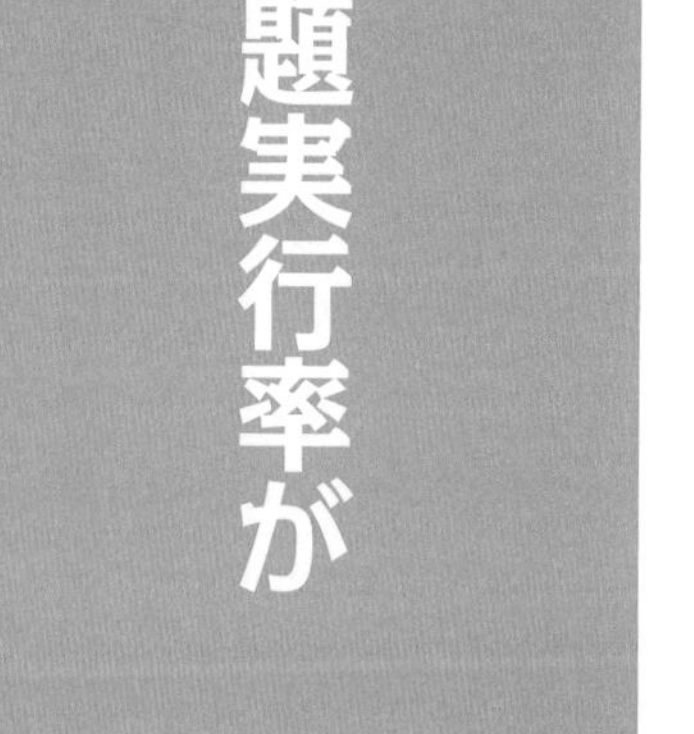

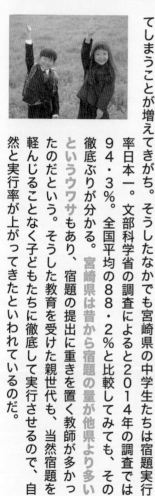

オキテ 11

「読み声」という宿題がある。

宮崎県の学生たちには、さらに独特の学習習慣がある。「読み声」という音読の宿題である。これは主に小学校の宿題として採用されている場合が多いが、**教科書や課題図書などを家族の前で指定された回数を音読し、確認の印をもらって提出するという学習習慣だ。**国語や英語だけでなく、足し算やかけ算の読み声もあり、反復練習にはもってこいとされているらしい。しかし、要領のいい子どもは短い文章などを「音」で記憶して繰り返している子もいるようで、「手を抜くな!」と怒られることもよくある光景だ。

変なイントネーションにカミさんがキレてたなぁ。
Mr.Bunny
ビックリ

オキテ12

「宅習」と「宿題」は違う。

宮崎の中学生の宿題実施率の高さは前述の通りだが、実は学生たちにはもうひとつ大きな学習習慣が徹底されている。それが、「宅習」である。宅習とは、読んで字のごとく「自宅学習」の略。他県では、先生から「予習と復習は大事だぞ。忘れずにやっておくように」と口頭で促される程度だが、宮崎県の場合は違う。**「宅習帳」という専用のノートを用意**し、予習や復習、漢字の書き取り、計算問題、英語の穴埋め問題など、それぞれが必要と考える学習を自主的に行うのだ。自主的といっても、この宅習帳は提出をしなければならないので、宿題＋αと考えていいだろう。

大人より大変やっちゃ。
Mr.Bunny
ビックリ

オキテ13

高校には浪人生のための「補習科」がある。

宮崎には数年前まで、大手の予備校などの数が非常に少ないという理由から、高校に浪人生のための「補習科」というクラスが設けられていた（現在も一部残っている模様）。**都会の予備校に通うとなるとお金がかかるという理由から、各校が割安で卒業生を受け入れ、先生方が教えていたのだ。**母校でそのまま授業が受けられるというのは、学生たちにとっても家計を預かる両親にとっても非常に有難い制度だったのだが、予備校の増加と少子化の影響もあり、年々その数は減ってきている。

Mr.Bunny
懐
俺の同級生も
行ってたわ〜。

オキテ14

焼肉のタレは「戸村」が基本。

オキテ 14 焼肉のタレは「戸村」が基本。

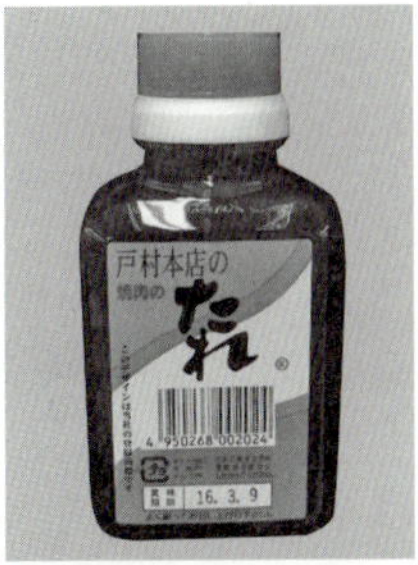
戸村本店の
焼肉の
たれ
▲「戸村のタレ」

宮崎県民に「スーパーで焼肉のタレ買ってきて～」と言われたら、迷う必要はない。「戸村」一択だ。最近は各メーカーが試行錯誤の上で様々な種類のタレを生み出しているが、それらはすべて「戸村じゃないタレ」である。

宮崎県内でスーパーや焼肉店を展開する戸村グループ（戸村精肉本店）が、昭和40年代から販売している焼肉の漬けダレが、買い物客に大ヒット。タレだけ別売りしてほしいとの声を受けて「戸村のタレ」が誕生した。以来、宮崎県内では焼肉のタレシェアナンバーワンの座をほしいままにし、全国ブランドもその牙城を崩せずにいるという。最近は消費者の好みも多様化しているので、自分好みのタレを別メーカーで探す人も増えているが、あくまで戸村は基本の味として抑えておかなければならない。

俺はカレーの隠し味にも使っちょっよ。
Mr.Bunny
笑

オキテ15

一家に一本「佐吉のたれ」。

オキテ 15 一家に一本「佐吉のたれ」。

▲「佐吉のたれ」

一人暮らしや結婚などで宮崎を離れた人が家庭で餃子を作る際に、何だかちょっと物足りないと首を傾げることがある。やはり母の味には敵わないということだろうか？いや、「佐吉のたれ」が無いだけだ。宮崎県南郷町で生まれた「佐吉のたれ」は、酢と醤油をベースに作られた万能調味料。**ぽん酢とはまた違って酸っぱさが目立つことはなく、酸味と旨味が絶妙なバランスで成り立っているのだ。**餃子だけでなく鍋やサラダ、揚げ物、冷や奴など、幅広い料理と相性がいい。南郷町はカツオの一本釣りで知られる港町なので、カツオのたたきをより美味しく食べるためにこのたれが大活躍している。県外にいる宮崎県出身者に送ると、どんな高級スイーツよりも感謝されるとか。

うちには買いだめしてある!!
Mr.Bunny
幸

オキテ 16

そうめん流しの起源は宮崎？

全国各地に「そうめん流し発祥の地」を名乗る地域がたくさんあるが、そのなかでも最有力とされている説が、高千穂峡である。**高千穂といえば神話の里とよばれ天岩戸や高天原など数々の歴史ある史跡が残る場所。**峡谷には白糸のような美しい滝が流れ落ち、ここがそうめん流し発祥の地という説得力は十分にある。高千穂峡には「元祖流しそうめん」を掲げた昭和30年頃から営業を続ける茶屋もあり、約８メートルにもおよぶそうめん流し用の青竹が設置されている。冷たい天然水を使って流されるそうめんは、子どもから大人まで大人気で、夏の観光シーズンには多くの観光客が訪れ、涼しげな味わいを堪能している。

涼しさを越して
寒いくらい
やからね〜。
Mr.Bunny
ビックリ

▲高千穂峡（宮崎県高千穂町）

オキテ17

ラーメンにはたくあん2枚。

オキテ 17 ラーメンにはたくあん2枚。

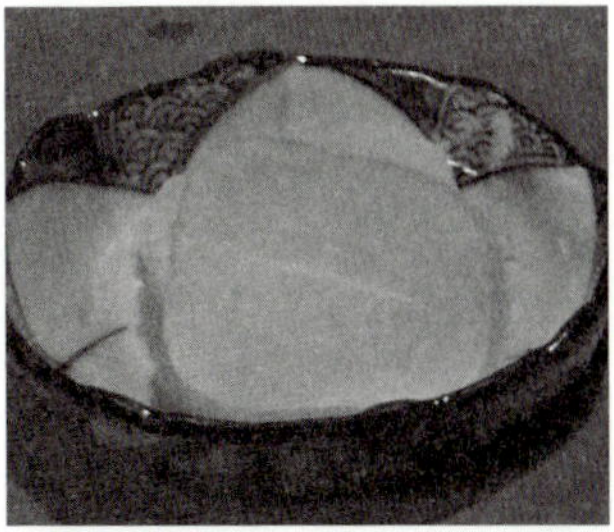

▲たくあん

地域の個性が表れる料理のひとつがラーメンであるが、**宮崎のラーメンの特徴は、豚骨ベースのあっさり醤油味であること、たくあんが2枚添えられていることである。**福岡や熊本がラーメンに高菜を入れるようにたくあんを中に入れる…のではなく、あくまでラーメンが出来上がるまでのつなぎの役割として添えられるようになったのだとか。席に座ると最初にたくあんと水が運ばれてくる。そもそも宮崎県は天日干し大根の生産量が日本一。中心的な産地のひとつである宮崎市田野町では、毎年寒風が吹く季節になると畑に高さ6メートルにもなる大きなやぐらが登場し、無数の大根が天日干しされている様子を見ることができる。こうして干された大根はたくあんや切り干し大根へと加工され、各家庭の食卓へと届く。最も身近なお漬け物としてラーメンに添えられるのは、ごく自然な流れなのだ。

オキテ18 特上ホルモンはホルモンではない。

延岡など県北の焼肉店では、「特上ホルモン」と書かれているメニューを注文しても、丸腸やしま腸などを漬けダレの中でミックスしたものが出てくるわけではない。**「豚のハラミ」のことである。**宮崎県民の中でもその理由は謎のままだが、とにかく県北地域では昔から豚ハラミのことを「特上ホルモン」と呼んでいる。特上、と銘打っているものの、そこはやはり豚肉なので、価格もリーズナブル。

最初は
ホントに旨い
ホルモンって
思ちょった!
Mr.Bunny
ビックリ

▲宮崎県の「特上ホルモン」？

オキテ 19

ガンにも効く？ たぬきの塩漬け。

昔話などでは「たぬき汁」なるものが出てくることがあるが、宮崎の木城町では、「たぬきの塩漬け」が今も食べられている。道の駅などで販売されている所もあり、**宮崎県民にとっても不思議な食べ物のひとつ。**鹿や猪などのように美味しい名物料理として食卓にのぼるというよりも、あくまで民間療法のひとつとして捉えられており、大量の塩に漬け込まれたたぬきの肉を塩抜きして食べたりお湯やお茶に溶かして飲むことで、**どんな病気も治るといわれている。**嘘か本当か、ガンが治ったという人も。信じるものは救われる、かもしれない。

昔、取材で食べたけど。
おかげで今も元気…。
Mr.Bunny
喜

オキテ20

チキン南蛮の元祖はタルタルソースなし！そして、チキン南蛮には胸肉ともも肉の2種類がある。

オキテ 20 チキン南蛮の元祖はタルタルソースなし! そして、チキン南蛮には胸肉ともも肉の2種類がある。

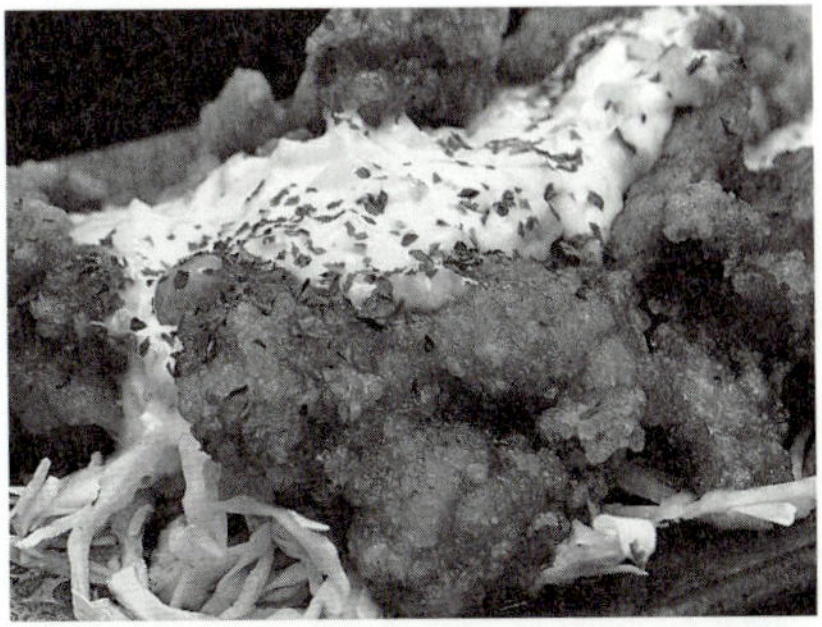

▲チキン南蛮

今は全国区の人気を獲得したチキン南蛮。その元祖は延岡の「おぐら」と「直ちゃん」の2店とされている。**この両店は、どちらも「元祖」で、おぐらはタルタルソースがかかっており、直ちゃんはタルタルソースがかかっていない。**どちらが正解というわけではなく、宮崎県民は自分の好みによって「元祖」を認識している節がある。

さらに、店の店主の好みによって「胸肉」と「もも肉」のどちらを使用するかが分かれている。他県民から見れば同じチキン南蛮に見えるかもしれないが、その違いを食べ分けることができてこそ、一人前の宮崎県民である。

店によって色々
こだわりがあって
どれも美味しい!
Mr.Bunny
喜

オキテ21 カレーにもチキン南蛮をトッピングすべし。

カレーのトッピングといえば、豚カツや唐揚げ、温泉卵という人も多いだろうが、宮崎県民としてはやはりそこにもチキン南蛮を選びたい。**スパイシーなカレーと甘酢を絡めタルタルソースをたっぷりかけるチキン南蛮が組み合わさるのだから、味の交通渋滞だ。**しかし、その絶妙なバランスで成り立つ美味しさは、カレーを最高のごちそうへと進化させてくれる。ちょっとカロリーが気になるが、これを目の前にすると「ダイエットは明日から!」だ。

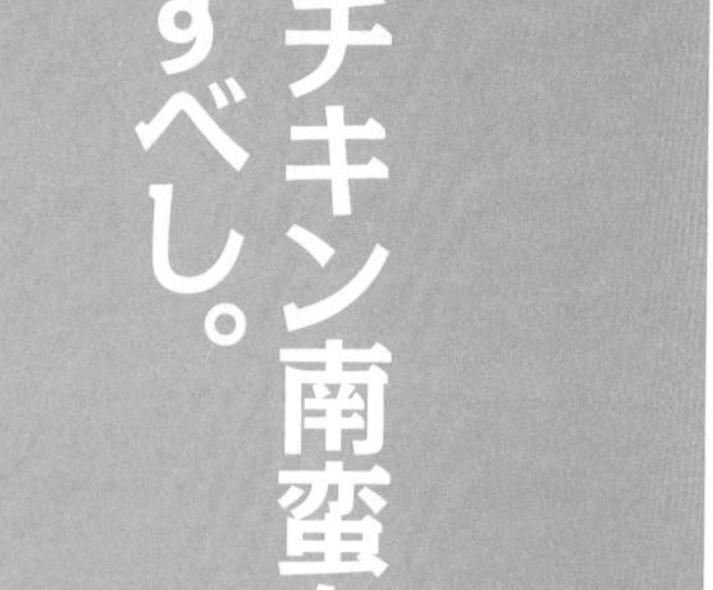
Mr.Bunny
幸
チキン南蛮
カレー王子が
頑張っちょる!

オキテ22 居酒屋ではとにかく地鶏をオーダー！

▲地鶏の鉄板焼き

宮崎県民の飲み会では、**居酒屋に入って席に座ると「とりあえず、生と地鶏！」がマストオーダーである。**枝豆、冷や奴はその次。とにかく最初は地鶏。ほとんどの居酒屋のメニューに地鶏が記されていることが宮崎県民の常識なので、わざわざメニューを見て注文するという事が無い。なので、ごくたまに店員から「うち、地鶏は扱ってないんですよ」と断られたりすると、とてもビックリする。たまに「地鶏が無いなんて、それでも居酒屋か！」と激高する人もいるらしいが、別にお店が悪いわけではない。メニューをちゃんと見よう。

オキテ23

飲んだ後の〆は「釜揚げうどん」派か「辛麺」派か。

▲釜揚げうどん

▲辛麺

Mr.Bunny
幸
ちなみに俺は
釜揚げ派!

宮崎の釜揚げうどんは九州では珍しい細麺なので、飲んだ後の〆にぴったり。つるりと入っていくので、ラーメンなどよりもあっさりヘルシーに飲み会を〆ることができる。まだ肝機能が元気な若者などは逆に物足りないのか、辛麺を求める人が多く、**「俺も昔なら辛麺いけたけど、今は釜揚げうどんだよ」**というのが飲み会終了間際のオジさんの鉄板ネタとなっている。

オキテ24
さつま揚げより甘い飫肥《おび》天。

飫肥の名物といえば厚焼き卵ともうひとつが飫肥天だ。**見た目や作り方はさつま揚げとほぼ同じ。しかし、さつま揚げより甘いのが飫肥天の特徴だ。**それもそのはず、飫肥天には黒砂糖が入っている。そのままおやつとして食べるのもいい。昔は甘いものが高級品だったが、城下町である飫肥はお殿様への献上品として贅沢に砂糖を使うことができるほど豊かであり、また、その甘さが一種のステータスでもあったといわれる。飫肥天や厚焼き卵の甘さは、城下町飫肥の繁栄の証であるといっても過言ではないだろう。

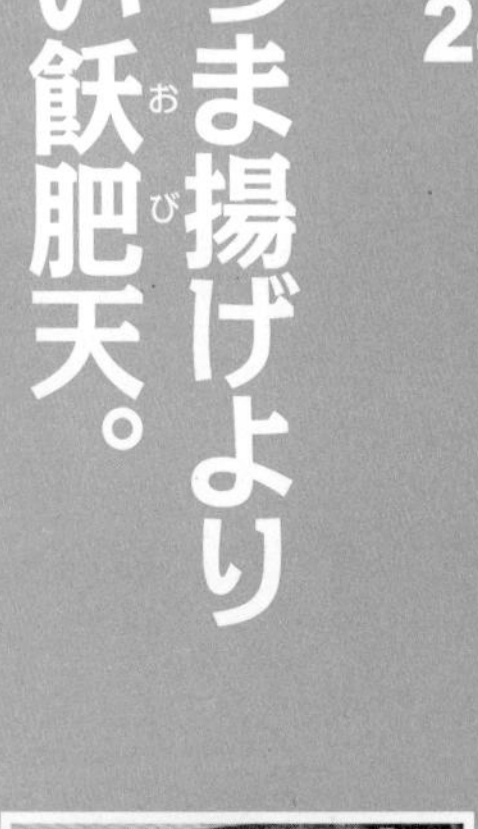

出来たては
てげ旨いよ。
Mr.Bunny
喜

オキテ 25

飫肥ではプリンのような厚焼きたまごを食すべし。

▲特産品 厚焼き卵（宮崎県日南市飫肥）

飫肥名物の厚焼き卵は、もはやプリンだ。飫肥以外の地域の厚焼き卵は他県と同じようにダシを入れてほんのりと甘く仕上げるのが定番だが、飫肥の厚焼き卵は、全く別物。**かつては飫肥藩藩主に献上されたという歴史を持ち、大量の卵を使い時間をかけて作られる。**溶き卵に砂糖・みりんなどを混ぜ、裏ごしして一晩寝かせて馴染ませる。それを、深さ5センチ以上の鍋に流し込み、じっくりと1時間以上、上下から熱を加えて焼き上げることにより、層がなくきめ細やかな食感の厚焼き卵が完成する。なめらかな舌触り、上品な甘みは上等なプリンのよう。

贈り物にもできる厚焼き卵は、日本中探しても他にはないだろう。

プッチンは出来んよ〜。
Mr.Bunny
幸

オキテ 26

醤油は甘い。刺身醤油はもっと甘い。

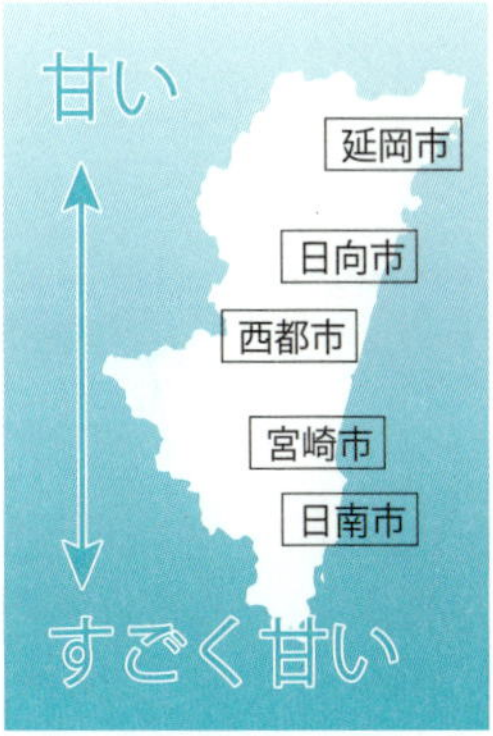

九州の醤油は全国的に見て甘いとされているが、宮崎の醤油はさらに甘い。**県南に行けば行くほど、甘くなる。**宮崎県民の中でも「県南の醤油は甘い」という認識で、地域によってハッキリと好みがわかれている。お寿司屋さんなど甘い醤油と甘くない醤油の2種類を用意で観光客が多く訪れる店では、している店もある。

なぜ南の方が甘い醤油が多いのか、その理由は諸説あり、南に行けば気温が高くなるのでカロリーを消費しやすく甘いものを求める傾向にある説や、日南などの地域では漁師が海に出る際に疲労回復の意味もあり甘みのある醤油を求めるようになっていった説などがある。**そんな宮崎県民も「鹿児島の醤油は甘い」と思っている。**

▲刺身醤油

オキテ 27

観光地並みに客が訪れるうなぎ屋がある。

年間来客数、25万人。**テーマパークや博物館ではない。西都市にあるうなぎ屋「入船」を訪れる人の数である。**当然、行列では収まりきらず、待ち合い席ではなく「待ち合い小屋」が備えてあるほどだ。小屋の中には長椅子がいくつも置かれており、来店者は店舗の方で名前と人数を伝えてその小屋の中で待つ。順番が来ると、アナウンスで名前が呼ばれるという待ちっぷり。宮崎は養殖うなぎの生産量が日本でもトップクラスとして知られているが、一店舗あたりの消費量は、この入船が日本一ではないだろうか（推定）。ピーク時には観光客が殺到するので、地元客はそれを見越し時間をずらして来店している。明治27年創業の伝統が生み出す美味しいうなぎ料理の数々が、人気に違わぬ実力であることを伝えている。

▲うなぎ

呉汁と漬け物が旨いとよね〜。
Mr.Bunny
幸

オキテ 28

マンゴーはめったに食べられない。

オキテ 28 マンゴーはめったに食べられない。

県外の人から見ると宮崎県民はマンゴー食べ放題のようなイメージがあるが、実際にはあまり食べない。**県民にとってもマンゴーは贈答用の高級品。**時折、産直所などで買って食べることもあるが、あくまで「都会のお金持ち用」だと思っている。マンゴーは、温度管理のための燃料費や、ひとつひとつネット掛けして自然に実が落ちるのを待ち丁寧に収穫する人件費など、かかる経費が他の農産物と比べて非常に高い。さらに一本の樹から収穫できる量が限られているため、値段の高騰も仕方が無いのだ。それでも「東京の百貨店で宮崎産マンゴーが一玉ウン万円!」と聞くと、ちょっと誇らしい。

▲マンゴー

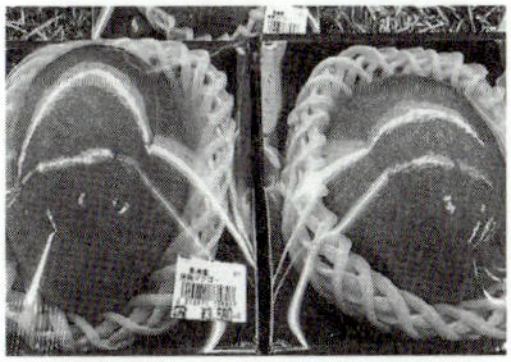
▲普段は手が出せないお値段

ひと夏に一回は
食べたいとよ。
Mr.Bunny
希望

オキテ29

必ず家庭にマキシマム常備。

オキテ 29 必ず家庭にマキシマム常備。

▲万能スパイス「マキシマム」

赤いフタが目印の万能スパイス「マキシマム」。**塩や胡椒だけでなく野菜粉末、ナツメグ、クミン、唐辛子、醤油、カツオエキスなどが配合された〝魔法の調味料〟だ。**ステーキやハンバーグなどのお肉や野菜炒めに合うのはもちろん、サラダやフライドポテトにもサッとかけるだけでお酒との相性がバツグンの逸品料理に進化する。家庭だけではなく、居酒屋やバーなどでマキシマムを味の仕上げに使っている店もあるとか。全国区のテレビで紹介され一時品薄になった「マキシマムショック」の経験から、宮崎県民としてはマキシマムの美味しさと汎用性の高さが他県の人に知られないことを願っている。

オキテ
30

夏は冷や汁を食べるべし。冷や汁の豆腐は手で潰すべし。

▲冷や汁

宮崎市近郊では、一般家庭で食べる家庭料理だが、作り方にも様々あり、豆腐を包丁で切って入れる家庭と、豆腐を手で潰して食べる家庭がある。家庭ごとに微妙に味が違っており、一番おいしい冷や汁は、やはり「実家の冷や汁」だ。**宮崎県民に向かって「冷や汁って、猫まんまだよね」という言葉は最大のタブーであり、冗談でも言ってはいけない。**味噌汁をご飯にかけているわけではなく、ご飯にかけて食べる冷や汁は、宮崎の風土が生んだ古式ゆかしい伝統料理であるのだから、全く別物である。ちなみに、都城や県北地域ではあまり食べないという家庭が多く、地域性のある料理だ。

個人的に夏は冷や汁がないと生きていけましぇーん。
Mr.Bunny
喜

オキテ
31

たくあんの缶詰がある。

オキテ 31 ➡ たくあんの缶詰がある。

▲たくあんの缶詰

天日干し大根の生産量日本一を誇る宮崎は、たくあんが大好き。スーパーの漬け物コーナーには所狭しと各メーカーのたくあんが並べられており、各家庭で「マイベストたくあん」が決まっている。もちろん家庭でたくあんを漬けている家も多い。そして、宮崎県民が愛して止まないたくあんは、缶詰にもなっている。**たくあん自体が保存食であるにも関わらず、さらに缶詰に加工して長期保存できるようにしている**所に、愛が感じられる。お土産として他県に持っていく時にも便利だが、一般的にたくあんをお土産にしようという地域はほかにあまりないとは思っていない。最近は、「ワインに合うたくあん」を開発。２０１５年にミラノで行われたミラノ万博では試食会を開催するなど、積極的に世界進出を目論んでいる。

ワインには
チーズと
たくあんが
常識に
なるかも!
Mr.Bunny
ビックリ

オキテ 32

「尾崎牛」は、尾崎さんが作っている。

オキテ 32 「尾崎牛」は、尾崎さんが作っている。

マンゴー、キャビアと高級食材の開発に積極的な宮崎。**昨今の「肉ブーム」を受けてさらに人気が高まっている食材といえば、宮崎牛である。**その中でも、食通たちを唸らせまくっているのが、「尾崎牛」。尾崎牛を作っている、宮崎市内で尾崎牧場を営む尾崎さんは酪農家としてのこだわりが強く、「自分が食べたい肉、家族や友人に食べてほしい肉を作ること」を信条とし、飼料配合や飼育法の研究を重ね、ついに独自のスタイルを確立。自分自身でも必ず味見をし、納得できる牛肉だけを出荷してきた。生産量は少なくとも、そのこだわり抜いた牛肉はやがて〝幻の牛肉〟と呼ばれるようになり、自分が納得した料理店にのみ肉を販売するというスタイルを取っていたことからも、さらに希少価値を高めていった。

宮崎県内の尾崎牛が食べられる店に県外の食通を連れていくと、県民が想像する以上にとても感動してくれる。

小中学校の先輩っす!
お疲れ様っす!
Mr.Bunny
喜

オキテ 33

乳酸菌飲料はヨーグルッペ。ジュースはサンA。

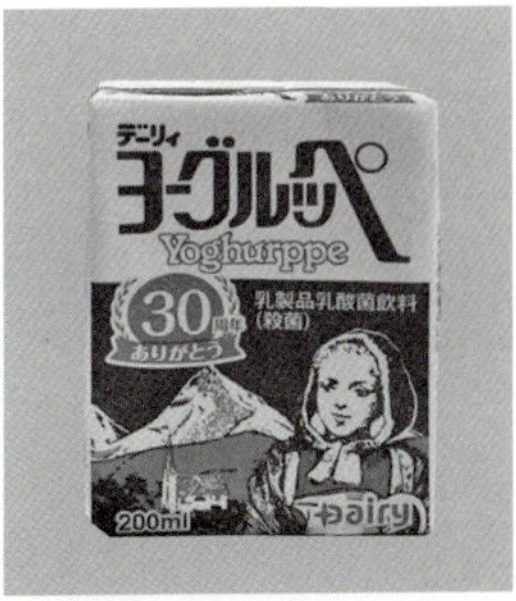

▲「ヨーグルッペ」

大人気のヨーグルト飲料「ヨーグルッペ」。九州全土で販売されているが、生み出したのは宮崎の南日本酪農協同株式会社。あの「スコール」を生み出した宮崎が誇るヒットメーカーだ。昭和60年に販売を開始。西欧で培養されたビフィズス菌などを使用したことから、ヨーロッパをイメージし、ヨーグルッペという名がつけられたという。お年寄りは、他メーカーのヨーグルト飲料もすべてヨーグルッペと呼んでいる。

ジュースなら「サンA」。みかんや日向夏などを使った果汁100%ジュースが人気だ。県内の小中学校では給食にも出されており、病欠の子がいるとジャンケンでの争奪戦が盛り上がる。**これが、大人になっても無性に飲みたくなる宮崎の2大飲料だ。**

▲「サン A」

オキテ34

「なんじゃこら」と驚く大福がある。

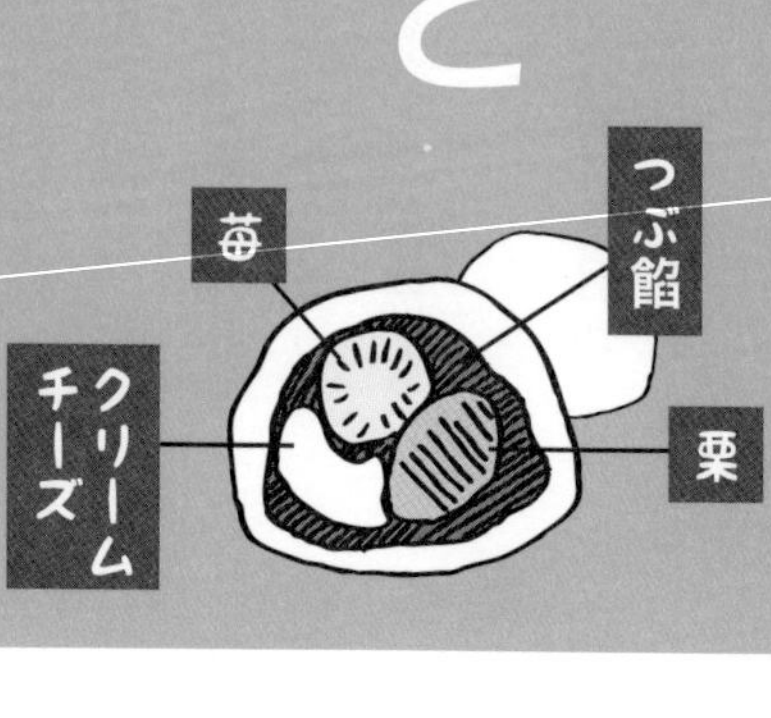

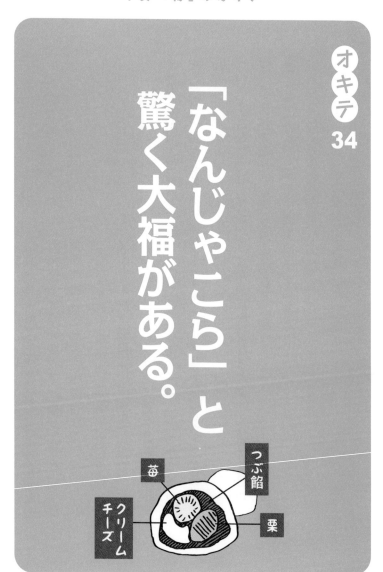

▲お菓子の日高

宮崎市内に6店舗を構えるお菓子の日高。この店の看板メニュー「なんじゃこら大福」は、その名の通り、驚きだ。**大きさもさることながら、大福につぶ餡とともに苺、栗、クリームチーズがどーん！**

今から20年以上前に開発されたもので、開発途中に社長が試作品を友人に見せたところ、『なんじゃこら！』と言われたことがきっかけで、この名前が付けられたという。今では地元はもちろん、宮崎を訪れる観光客のお土産としても大人気。姉妹品にシュークリームの生地の中に小倉生クリームとカスタードクリーム、苺、栗、クリームチーズがぎっしりの「なんじゃこらシュー」もある。次の〝なんじゃこらシリーズ〟にも期待したい。

ちなみに看板娘？として人気の元気なおばあちゃん（会長）は、地元の人気者。ブログでその現況を知ることができる。

オキテ 35

いつの間にか宮崎名物になっていた「チーズ饅頭」。

オキテ 35 いつの間にか宮崎名物になっていた「チーズ饅頭」。

県北、県南に関わらず、**県内どこの和菓子・洋菓子店のショーケースにも並ぶ宮崎県民の定番スイーツと言えば「チーズ饅頭」。**１９８０年代頃に誕生したようで、元祖を名乗るお店が県内にいくつか存在する。クッキー生地にチーズというのが基本だが、しっとりした食感のものがあったり、チーズにレーズンやフルーツを加えたものがあったりと、多種ある。「チーズ饅頭」という名前は共通だが、それぞれの店舗が独自の創意工夫を凝らしているのが面白い。なかには宮崎の特産品マンゴーとコラボしたチーズ饅頭もあるとか。宮崎県民の大らかな性格が反映されたお菓子なのかも？

▲チーズ饅頭

Mr.Bunny
幸
スッチーさんの御用達から火がついたのよね!

オキテ36

世界三大珍味「キャビア」を作っている。

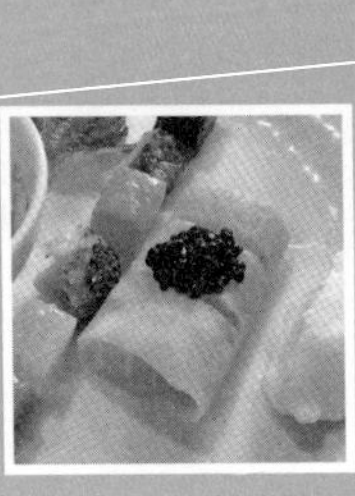

最近の自慢は、宮崎県産のキャビアが人気を博していること。安心安全なキャビアを目指し、チョウザメ養殖への挑戦から実に30年以上の歳月をかけてついに誕生した宮崎県産キャビア。国内での養殖は前例がなく、餌や飼育環境などの基本的な情報すら乏しかったため、海外の資料を翻訳する所からスタートした。生産者の努力と苦労には、宮崎県民も頭の下がる想い。実際は、キャビアを食べたことがある宮崎県民はそう多くはなく、これもマンゴーと同じく東京などで多く流通している。

オキテ 37 漬物は手のひらか甲で頂くべし。

宮崎のおばあちゃんたちはお裾分けが好きだ。「ちょっとどうぞ」と食べ物を渡す時には手渡しが基本。例えばお漬け物だって手渡しだ。箸で漬け物をつまんで、相手にサーブする。受け取る側はきちんと手のひらでいただこう。ちなみに同じお漬け物でも、**味見の際におばあちゃんたちは一度自分の手の甲に置いてから口に運ぶ。**その一連の所作はソムリエのようなたたずまいだ。

Mr.Bunny
幸
お菓子も箸でつまんでくれたりするから。

オキテ 38

きんかんが生かじりできる。

宮崎県はきんかんの生産量日本一（農林水産省「特産果樹生産出荷実績調査」より）だ。しかも**2位の鹿児島県の3倍**ほどで、日本全国の半数以上のきんかんがこの宮崎県で育てられている。そんな宮崎ではきんかんを生で丸かじりするのは当たりまえのこと。しかし、他県民はそのことに驚くらしい。

▲きんかん

現在は生産量だけでなく、品質でも日本一を確立するため、**ブランドきんかん『完熟金柑たまたま』が登場**し話題を呼んでいる。甘さも大きさも他のきんかんとは一線を画す『たまたま』は県内より、大都市への出荷が多く、販売価格も通常のものより高額なため宮崎県民にはちょっぴり縁が薄い。それがたまたまに傷だ。

オキテ 39

かき氷はうどん屋で食べるべし。

▲「百姓うどん」のかき氷

「今日は暑いんで、うどん屋でも行こか」。こんなある夏の日の宮崎での会話を聞いたら、他県人は「？？？」となるはず。

宮崎市内にある「百姓うどん」はかき氷が有名なうどん店（日本語として少々不思議な気がするが…）。山のように盛られたかき氷は一人で食べても、シェアしてもOKだ。夏季限定で登場する60センチ超えのかき氷は某ケンミン番組にも取り上げられ、話題になった。運ばれてきたかき氷はまず立って食べることを強要される。宮崎のスカイツリーと呼ばれたとか、呼ばれないとか。

ちなみに、「百姓うどん」は当たり前だがうどんも人気。大将盛という、かなり胃袋に自信がないと食べきれないメニューも存在している。

倒さずに食べるのが
難しいとよ〜。
Mr.Bunny
幸

オキテ 40

県北人なら「天領うどん」都城人なら「やぶしげうどん」宮崎市内人なら「きっちょううどん」。

オキテ 40 夏県北人なら「天領うどん」都城人なら「やぶしげうどん」宮崎市内人なら「きっちょううどん」。

きっちょううどん
▲きっちょううどん

宮崎県人はうどん好きだ。それは**日向灘の向こうに、うどん王国・四国あることが大きく関わっているのではないだろうか。**宮崎には昔から四国の人が多く流入してきたことから、うどん文化が発展してきたのではないかと言われている。

しかし、さぬき風のコシの強い麺ではなく、ちょっぴり柔らかめの麺が宮崎風だ。県北なら「天領うどん」、宮崎市内なら「きっちょううどん」、都城なら「やぶしげうどん」などが人気店。宮崎県内のうどん店は九州のほかのエリアと違い、釜揚げうどんを提供するところも多く、宮崎人には「うどんは釜揚げ」という人も少なくない。

最近はコシがあるうどんは顎が疲れるとよね。
Mr.Bunny
ビックリ

オキテ 41

日本一を2回連続獲得した「宮崎牛」。

マンゴーと並ぶ宮崎の名産といえば「宮崎牛」。元知事の東国原さんもPRに力を注ぎその名は最も有名なブランド牛の一つとなった。知名度だけでなく、宮崎牛はその品質も日本最高峰で、２００７年に開催された牛肉の品質を鑑評会「第９回全国和牛能力共進会」そして、２０１２年の第10回の同大会で**日本一に輝いている。**口蹄疫に立ち向かった宮崎の畜産農家の方々の努力の賜物といえる。宮崎牛の人気が上がり、全国的に需要が増えるにつれ稀少価値が高まり、ますます県民の誇りとなっている。

宮崎牛サイコー!!
Mr.Bunny
喜

オキテ42 レタス巻はあの作曲家のために生まれた？

▲レタス巻

宮崎発祥のご当地グルメの一つに「レタス巻」があるが、この料理、**実はある野菜嫌いの作曲家のために考案されたと言われている。**レタス巻発祥店「一平」の初代店主・村岡さんと親交が深かったのが、作曲家の平尾昌晃氏。野菜嫌いだった平尾氏のために、「なんとか美味しく野菜を食べられるヘルシーな寿司を作ろう」と試行錯誤して作り上げたのが、すし飯にレタスとえび、そしてマヨネーズソースを組み合わせたレタス巻なのだそう。今では海外でも多く見られるようになったこのスタイルの寿司は、二人の友情から生まれたのだ。

♫ ラブレター
フロム 一平〜 ♫
Mr.Bunny
笑

オキテ 43

「日向夏」には醤油がグッド！

宮崎原産の柑橘「日向夏」。甘さより、酸味が効いた宮崎の特産フルーツのひとつで、生産量も日本一だ。お菓子やジャム、ドリンクなど加工品としても様々な商品が開発されているが、素材そのものの味わいを楽しむのが宮崎流。しかもその味を高めるために、独自の方法を模索し、**たどりついた答えの一つが醤油をかけて食べるというもの。**酸味が程よく抑えられ、醤油の甘辛さとの相性もいい。スイカに塩をかけるのと同じなのかも。

ちなみに最近、アイスクリームに醤油というスタイルを好む人もいて、専用の醤油が発売されている。宮崎の醤油蔵の皆さん、日向夏専用醤油の開発を待ってますよ〜。

▲宮崎原産の柑橘「日向夏」

甘皮は剥かんでよ!
Mr.Bunny
喜

オキテ
44

焼酎は色で頼む。

オキテ 44 焼酎は色で頼む。

全国的な焼酎ブームの火付け役のひとつが〝黒〟霧島だ。製造元の霧島酒造は宮崎にある（たまに間違って鹿児島の焼酎だという人がいたら、やんわりと訂正しておこう）。黒麹で仕込んだ芋焼酎で芋の甘い香りを残し、クセを抑えて爆発的ヒットとなった〝黒〟霧島が人気になったことで、それまでのレギュラーの霧島はラベルを〝白〟に変更し、白霧島となった。そのほかにも紅芋を使った〝赤〟や黄麹を使った〝黄〟など、各メーカーの焼酎は色で表されていることが多い。2015年に雲海酒造から発売された「日向木挽BLUE」は「日向灘黒潮酵母」と使っていることから、海＝青となった模様。通は「いつもの黒！」「俺は青ね」と色だけで注文できちゃうのだ。

霧島
黒霧島
白
黒
KIRISHIMA BRILLIANT
▲焼酎ブームの火付け役

焼酎生産量も
日本一になったどー!
Mr.Bunny
喜

オキテ45

日南では乾杯は焼酎でしなければならない！

▲カキ

▲飫肥天

▲焼酎

日南市は「甕雫」「平蔵」「松の露」などの焼酎ブランドがあり、古くから焼酎造りが盛んな土地柄だ。そんな地元の焼酎の普及を願って、ユニークなルールが行政主導で設定された。それが『日南市の地元本格焼酎による乾杯を推進する条例』だ。2013（平成25）年より施行された。乾杯用の専用グラスも開発されている。日南では**「とりあえずビール」ではなく、一杯目から焼酎をオーダーするのが正しいスタイルなのだ。**飫肥天やカキなど焼酎に合う食材も多い日南。訪れた際には美味しい料理と焼酎でお腹を満たしたい。

Mr.Bunny
幸
もちろん罰則は
ないからね!

オキテ46

宮崎の焼酎は20度が基本。

宮崎に旅行に来た人は、焼酎のボトルを一度確認してみてほしい。県内で造られ、販売されているものはほぼ全てがアルコール度数20度だ。逆に宮崎県民は旅行をしたときに県外でいつもお馴染みの焼酎を手にしてみよう。同じメーカー、同じ銘柄でも25度のものが多いことに気付く。

全国的には焼酎は25度が一般的だが、宮崎県内では圧倒的に20度のものが多い。これは一説によると、戦後安い密造酒が横行した際、国税庁がこれらを一掃するために特例として20度以下の焼酎に税制を優遇したことに起因すると言われている。当初は価格を下げるための処置だったが、慣れてくると度数の低い焼酎は飲みやすく、料理にもよく合う。ということで、宮崎県民は引き続き20度の焼酎を愛し続けているのだ。

夏はロック、冬はお湯割りで毎日飲んじょるよ。
Mr.Bunny
幸

オキテ47

芋焼酎の出荷量が鹿児島を抜いてついに全国1位になった!

宮崎県民の焼酎愛は数字に表れている。宮崎県の発表によると、宮崎県民が一世帯あたり一年に購入する焼酎の量は21401ミリリットルでダントツの一位。また、焼酎に使う金額は一世帯あたり年間約16000円とこれも日本一だ（総務省統計局調べ）。**量で換算すると一ヶ月に一升瓶1本程度は各家庭で消費していることになる。** ちなみに、同じ蒸留酒なのに、ウイスキーの消費量は47位と最下位。やっぱりとことん焼酎ラバーなのだ。そして2015年、とうとう生産量も焼酎王国・鹿児島を抜いて全国一位となった。霧島酒造は3年連続焼酎メーカー売り上げ日本一!

オキテ48

GILLEのデビューは口蹄疫がきっかけ。

2015年の「アジアポップミュージックフェスティバル」で日本人として初めてグランプリを受賞したGILLE（ジル）は宮崎出身。歌手になったきっかけは宮崎を襲った口蹄疫だという。実家が牧場で、祖父が牛を育てていたこともあり、**口蹄疫で大きな被害を被った地元の農家のために、曲を書き下ろしたことがメジャーデビューへの第一歩に繋がった。**歌う時以外はバリバリの宮崎弁なのは、地元の人間にとって嬉しいこと。心から宮崎を愛する歌姫が世界に羽ばたき始めたことを宮崎県民はとっても喜んでいる。

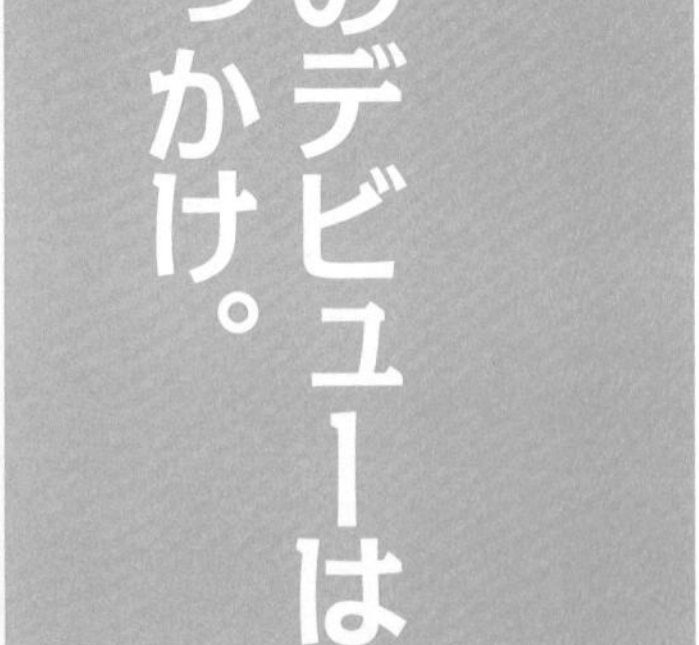
売れても、偉ぶらず
宮崎弁なのが
嬉しいねぇ〜。
頑張れー!!
Mr.Bunny
喜

オキテ49 東国原元知事の「どげんかせんといかん」って言わない。

元知事の有名な「宮崎をどげんかせんといかん!」というフレーズを聞いて、**地元の人はあまり言わないなぁと、違和感を覚えた人も少なくないだろう。**宮崎の方言として全国区になったし、まあ地元にスポットが当たったことはまんざらでもないという、大らかな姿勢なのが多くの宮崎県民の感想だろう。商魂たくましい一部の人々は、いまだに元知事のイラストや「どげんかせんと〜」がプリントされた宮崎グッズを販売している。東国原氏が知事を辞めてからもう結構時間が経っているのだが…。この状況をどげんかせんといかん?

Mr.Bunny
笑
どっちかと言えば
「どんげかせんといかん」って
言うよね〜。

オキテ50 ポッキーと言えばチョコではなくＤＪ。

11月11日は「ポッキーの日」だが、宮崎にはそんな記念日よりも身近な、気軽に出会えるポッキーがいる。飫肥生まれのＤＪポッキーだ。**主にエフエム宮崎を活躍の場としており、宮崎では一週間に何度もポッキーの日が存在する?といえるのかも。**今では活躍の場は宮崎だけでなく、福岡や東京まで広がっていることを、宮崎県民はちょっぴり自慢に思っている。

こう見えても同じ年齢!

「一寸先はパラダイス!」

やっちょんなー!

Mr.Bunny
喜

オキテ51 バニーと言えばガールではなくミスター。

バニーと言えば、長いうさぎの耳飾りにセクシーでタイトなボディコンスーツに身をまとうのが、一般的な想像。しかし、ここ宮崎ではバニー＝ガールの公式は成り立たない。テレビやラジオで出会えるバニーといえば、れっきとした男性、Ｍｒ・バニーだ。宮崎市出身で、トレードマークはスキンヘッド。タレントとしてだけでなく、番組づくりにも参加しマルチな才能を発揮している。

ということで、この本の監修もお願いしました！

Mr.Bunny
笑
普段は単なる
オヤジです。
スンマセン…。

オキテ 52

宗兄弟を見分けられればかなりのマラソン通。

瀬古利彦らと日本のマラソン黄金期を支えたのが、旭化成に所属していた宗猛、宗茂の宗兄弟だ。双子のランナーというキャッチーな存在感、終盤の優勝争いにからむことも少なくなく、同じ顔のふたりが並んで走る姿は日本中を熱狂させた。同じ顔の二人だが、**コアなマラソンファンに言わせると、走行中に傾ける顔の方向でどちらかを見分けることができるという。**なるほど…既に現役ランナーとしては引退した今、どうやって見分けたらいいの？

スポーツ担当
アナでもたまに
間違えます〜。
Mr.Bunny
ビックリ

オキテ53

月9は月曜9時には放送しない。

宮崎県には民放テレビ局が2局しかない。そのため、他の地方の人にしてみれば非常に不思議な番組構成が採用されている。例えば夜の8時までのフジテレビ系列のバラエティのあと、9時からはテレビ朝日系列のドラマといった具合。地元にとっては日常の風景なのだ。普段は何の不具合もないが、全国的に「月9」と呼ばれる人気ドラマが、土曜の夕方などまったく違う時間に放送されることがあり、**「土4」じゃないか**と思ったりするのだ。

オキテ 54

チャンネルを変えるときに「反対にして」で通じる。

または**「裏にして」**。民放が2局しかないので、この言い方で通じる。県外に出たときにチャンネルを変えてほしいときに**つい「反対にして」と言ってしまい、ポカンとされる**こと多数。県内に放送局が少ない県は地方にいくつかあるが、他県では近隣の県の電波を受信できるので、結果的には複数チャンネルが映ることになる。しかし宮崎は純粋にこの2局しか映らないので、日本で一番民放の局数が少ない県となってしまうのだ。BSやCSの普及により不便は感じなくなったとはいえ、ちょっと寂しい。

いまだに「反対にして」とか言ってます。
Mr.Bunny
笑

オキテ55

プロスポーツキャンプ地として
有名だがプロチームは無い。
そしてプロ野球のキャンプが
始まると寒くなる。
ちなみにジャイアンツファン多し。

オキテ 55 プロスポーツキャンプ地として有名だがプロチームは無い。そしてプロ野球のキャンプが始まると寒くなる。ちなみにジャイアンツファン多し。

宮崎にはソフトバンクホークスや読売ジャイアンツなどのプロ野球チームをはじめ、Jリーグのサッカーチームといった**数多くのスポーツチームがオフシーズンのキャンプにやって来る。**なかでもジャイアンツは50年以上前の1958年から、宮崎県をキャンプ地としている。そのため宮崎人はジャイアンツを古くから身近に感じており、ファンが多い。最近では同じ九州のチームとしてホークスファンも増えてきているが、巨人人気が根強いのはON時代からの長い歴史的関係から生まれた愛なのだ。

ちなみに毎年多くのプロスポーツチームが訪れる宮崎だが、地元にプロのスポーツチームはない。各界一流の選手が身近過ぎて、宮崎にチームがなくても満足しているのかも。

オキテ56 象が黄色い理由をみんな知っている。

宮崎県民はみな、象が黄色い理由を知っている。**「黄色い象さん、どうして〜どうして黄色いの？」「バナナをたくさん食べたら黄色くなっちゃうの〜」**というインパクトのある万代ホームのCMのおかげだ。あまりに普及しすぎていて、子どもたちが「バナナをいっぱい食べて黄色くなっちゃったらどうしよう」と心配しすぎるほどだ。**同じ理由で、野菜のナスくんの就職先もみんな知っている。**野崎漬物だ。

Mr.Bunny
笑
おばあちゃんが「あんたどこ行くと？
わたしゃナガトモに行くと」の
CMが好きでした

オキテ57
宮崎から「甲子園優勝・横綱・総理大臣」を早く出すべし！

甲子園夢
プロジェクトは
どこ行ったー！
Mr.Bunny
希望

キャンプ地として数々のプロ野球チームを招く宮崎だが、地元にプロ野球チームはない。そのうえ、甲子園で春夏通して**優勝チームを出したことがない。**2013年の延岡学園の準優勝が最高位だ（これが宮崎代表初の決勝進出でもあった）。また、大相撲では横綱を輩出したこともないし、政治の世界では総理大臣が出ていない。こうした状況を宮崎の人々はくやしく思っているのだ。

オキテ58

国内最南端の天然スキー場がある。南国だけどスケート場もある。

「五ヶ瀬ハイランドスキー場」は日本で最も南にある天然雪のスキー場。近くには温泉やワイナリーもあり、冬の観光を存分に楽しめる場所なのだが、同じ九州の人でも「宮崎にスキー場があるの？」と驚かれることがある。そんな九州の人たちに向けて、ここ数年、少しエッチでユニークな連続テレビCMが製作されて話題を呼び、その知名度を徐々に上げている。ちなみに宮崎県も県北は雪が積もる寒さ。えびの高原には日本最南端のスケートリンクもある。

▲屋外スケートリンク（宮崎県えびの市）

Mr.Bunny
幸
サーフィンもスキーもスケートも楽しめるなんてパラダイスやわ!

オキテ59 えびのループ橋で宇宙人と交信すべし。

となりの鹿児島県には宇宙センターやロケット発射場があるが、宮崎は逆に宇宙からやって来てくれる？場所があるのだ。日南海岸や人吉えびののループ橋ではUFOの目撃例が多数上がっている。もともと、宮崎はなんたって古代に神々が降り立った天孫降臨があったとされる土地。**いまさら宇宙人程度が降りて来ても「おお、久々に天孫降臨？」くらいの意識かも知れない。**そんな気質だから、UFOも気軽に姿を見せてくれるのだろう。

えびのループ橋

もしかして
田の神さぁも
元々宇宙人
だったりして。
Mr.Bunny
ビックリ

オキテ60

都井岬には日本で唯一の野生馬がいる。

▲都井岬・野生馬（宮崎県串間市）

最近、街中で野良犬を見ることはめっきり少なくなったが、宮崎ではなんと野生馬に出会うことができる場所がある。串間市の南端、都井岬だ。**ここに暮らす馬たちは日本古来の御崎馬という種。**体長130センチほどと小型の馬で天然記念物に指定されている。都井岬は突端から美しい海原を見ることができるので、観光地としても人気のスポット。青い海と緑、そしてたわむれる馬たち。こんな素敵な風景は日本広しと言えども、宮崎にしかないだろう。

Mr.Bunny
幸
人に慣れてるので近づいても逃げないよ。

オキテ 61

春の西都原古墳群は桜と菜の花の共演が絶景。

西都原古墳群は特別史跡の公園で、**園内には300基を超える古墳群が存在している。**日本の古代史を知る重要な場所として国の史跡にも認定されているが、西都市民にとっては、気軽に出かけられる公園として愛されている。春には2000本の桜と8ヘクタールに植えられた菜の花が咲く。黄色と桜色のコントラストを見るために遠方からも観光客が訪れる。また、秋には一面のコスモスも美しい。

▲西都原古墳群（宮崎県西都市）

オキテ62

こつこつトンネルではクラクションを3回鳴らす。

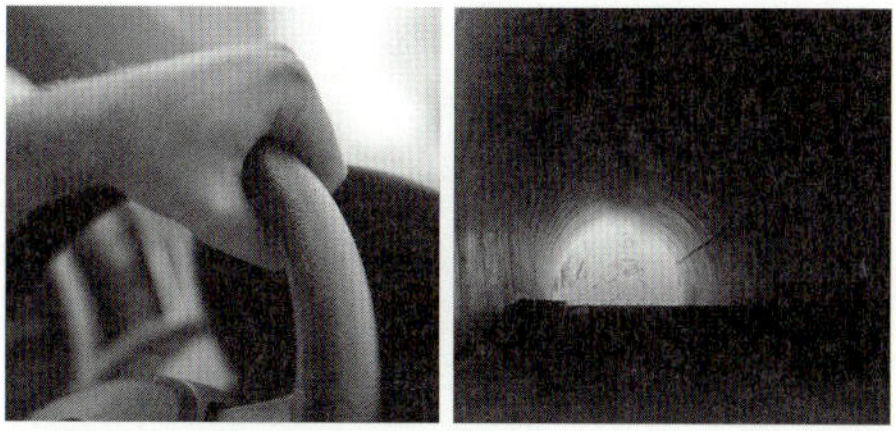

▲宮崎の若者たちによる肝試し

宮崎の若者たちが必ずといっていいほど肝試しに訪れるのが、宮崎市にある久峰隧道（ひさみねずいどう）だ。この正式名称より通称の「こつこつトンネル」の方が有名だろう。この呼び名は一説によると、**トンネルのなかで停車してクラクションを3回鳴らすと、コツコツという足音が近づいてくるという都市伝説から**だそうだ。あとで気付くと、フロントガラスに手形がびっしりとついていたとか、トンネルで亡くなった女性の霊がこうした現象を起こしているなど、話の枝葉は広がっていくばかり。そうした話を聞いてからトンネルに足を運ぶと、霊感のない人でも「やだな〜、恐いな〜」という気がするのだ。

てげおじ〜
とよね。
Mr.Bunny
恐怖

オキテ 63

猿なら芋は洗うべし。

▲幸島の猿（宮崎県串間市）

串間市幸島には古くからニホンザルが棲みついている。この猿たちがおこなう行動が生物学者たちを驚かせた。餌付けを試みたところ、餌として渡したサツマイモを若い猿が海で洗ってから食べた。**やがてその行動を見たほかの猿たちも次々と芋洗いをはじめ、やがて幸島の猿はすべて芋を洗ってから食べるようになった。**こうした一連を観察した京都大学の研究者たちは、ニホンザルの群れ（社会）にも文化があると説明した。今でも幸島には京都大学野生動物研究センターが置かれ、観察は続いている。海水で芋を洗う行動は汚れを落とすためだという説があるが、宮崎の猿はグルメで好きで塩味が欲しかったのかも知れない。

「猿の惑星」のルーツになるかも。
Mr.Bunny
ビックリ

オキテ64

イースター島公認のモアイ像がある。

オキテ 64 イースター島公認のモアイ像がある。

日南海岸添いには、あのイースター島のモアイ像が立っていて日本とは思えない光景が広がっている。世界七不思議のひとつに数えられる「モアイ像」がなぜ宮崎に…。

この像が建てられたのは1996年のこと。サンメッセ日南内にあり、観光資源となればと建設された。驚くことに、日南のモアイ像は、イースター島の公認のもの。**日本がイースター島のモアイの復興に貢献したことへの感謝の証なのだそうだ。** 海に背を向けているのは、イースター島の像と同じ方向を向いているため。

ちなみに、右から2番目のモアイに触れると金運、3番目だと恋愛運が上昇するらしい。ご利益が何となく近所のお地蔵さん的扱いなのが宮崎らしくていい。

▲モアイ像

Mr.Bunny
笑
イースター島に
わざわざ行かなくても
雰囲気味わえるじ。

オキテ
65

鵜戸神宮の運玉は左手で投げるべし。

▲鵜戸神宮

▲亀石という霊石の穴

日向灘を望む絶壁に社殿を構える鵜戸神宮（日南市）。ここでは運玉という玉を投げ込む祈願方法がある。「運」の文字が刻印された素焼きの玉を、眼下にある亀石という霊石の穴に向かって投げ込む。男性は左手、女性が右手で投げるのが習わしだ。願をかけて、狙うがなかなか難しい。1回の初穂料で5個の運玉。**穴に入らなかったといって、意地になって何度も挑戦しないのがマナーだ。**安産の神様でもあり「おちちあめ」という飴が販売されている。

運
玉
5個 100円
▲「運」の文字が刻印された素焼きの玉

　ちなみに、この神社には、神話「海幸彦・山幸彦」の伝承に登場する「潮満珠（しおみつたま）」「潮涸珠（しおひるたま）」が社宝として納められている。

▲日向灘の絶壁にある鵜戸神宮

ちなみに剣道発祥の地でもあるのじゃ。
Mr.Bunny
笑

オキテ66

約束した時間になって準備を始める。

宮崎には日向時間という独特の緩やかな時間が流れている…。といっても本当に時間がゆっくり流れるのではなく、時間がユルいのは人のせいだ。宮崎の人々のゆるーい気質が、**自分たちで勝手に時計の針を遅くしている。**宮崎の人と待ち合わせすると、待ち合わせ時間に準備を始める…と言われるほどユルい。これが日向時間の正体だ。九州には同じように博多時間や薩摩時間があり、比較的九州人は時間にルーズなようだが、大らかな宮崎の人々は遅れたことを悪いとも思ってないし、待っていた方も「こんなもんかな」と許してしまう人が多い。

Mr.Bunny
笑
俺の友達は7時に「今から遊びに行くわ」と連絡あって、来るのは10時くらいだった。

オキテ67 実はそれほど南国ではない。

南に位置し温暖な宮崎…ではあるが、冬はやっぱり寒い。日本各地から観光やビジネスでやって来る人々から**「意外に寒いですね」という、失望にも似たセリフ**が吐かれることも少なくない（福岡など同じ九州人に言われることもあるので、びっくりする）。

宮崎市内でも冬は雪が降るし、高千穂町など山間部の冬の寒さの厳しさと雪の深さを県外の人は知らない（五ヶ瀬町にはスキー場だってあるし…）。温暖なのは春から夏にかけて。南国とはいえ、四季がめぐる土地だということを知って欲しいと思う。

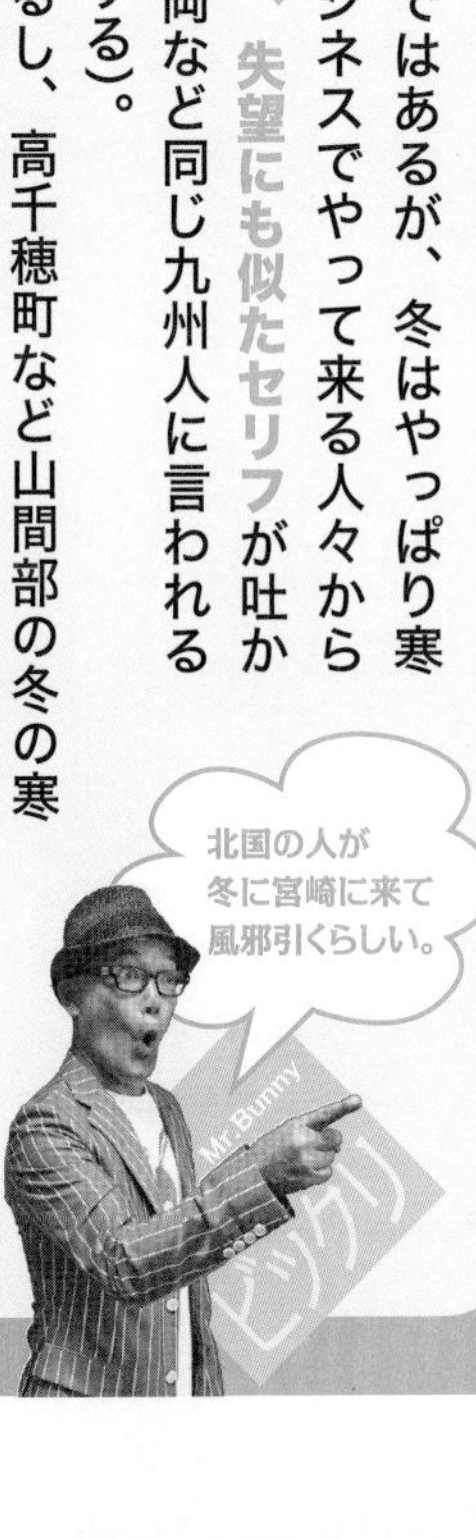
北国の人が
冬に宮崎に来て
風邪引くらしい。
Mr.Bunny
ビックリ

オキテ68

道路の中央分離帯にある木はフェニックスではない。

宮崎に来た観光客はほぼ、街路樹を見て「わ～フェニックスだ～」と喜ぶが、残念ながらあれはフェニックスではない。**ワシントニアパームというヤシ科の木だ。**ヤシ科ではあるがヤシではないので、ココナッツはできない。あんなにヤシがあったら台風のたびに車にココナッツが直撃して大変だろう…という心配はご無用だ。

では宮崎を代表する木、フェニックスはどこにあるのかというと、宮崎県庁。県庁前に立派なフェニックスがそびえたっている。全く姿かたちが違うので、県木フェニックスを見たい方は県庁へどうぞ。

▲宮崎県庁前のフェニックス

▲道路の木

オキテ69

キャベツ畑でひまわりを楽しむべし。

日本一の規模を誇る高鍋町のひまわり畑。1100万本を超えるひまわりが咲き誇り、シーズン中は多くの観光客でにぎわうが、実はこのひまわりが広がっている場所はもともとキャベツ畑だ。**ひまわりはキャベツのいい緑肥となるため、多くの人の目を楽しませた後はそのまま畑にすき込まれ、キャベツの栄養となる。**高鍋のキャベツは「ひまわりきゃべつ」と呼ばれ、一石二鳥の効果をもたらしている。

▲きゃべつ畑のひまわり（宮崎県高鍋町）

オキテ70

とにかく神様の逸話が多い。

天孫降臨の地、高千穂に代表されるように、**宮崎は様々な神様にまつわる場所や逸話が多いため〝神話のふるさと〟と称される。**「江田神社」「住吉神社」「小戸神社」など、イザナギ・イザナミにまつわる場所や、有名な「天岩戸」、「西都原古墳群」「都萬神社」、「青島神社」「鵜戸神宮」など、神々にまつわる場所には様々な逸話が残っており、古くは「古事記」や「日本書紀」にも記されている。ここ数年は、恋愛運や安産祈願などのパワースポットとして全国の若い女性たちから注目を集めているが、神話の世界に思いを馳せながら神聖な気持ちで旅をするのもおすすめだ。

▲天安河原

▲天岩戸神社

我が家にもこわ〜い
カミ様がいらっしゃいますです、はい。
Mr.Bunny
幸

オキテ 71

7月には稲刈りが始まる。

オキテ 71 7月には稲刈りが始まる。

宮崎の稲作は早く、**3月には田植えがスタートする。**収穫も早いところでは7月に行われるため、夏休み真っただ中の8月にその年の美味しい新米を食べることができる。

また**宮崎の早場米は日本一収穫が早く「超早場米」と呼ばれ、高値で取引されている。**米の生産調整（減反政策）が行われる以前は暖かい気候を利用し、二期作をおこなう農家も多かったが、現在では減少した。そんな秋の宮崎の田んぼでは収穫後の稲の切り株から自然に新しい穂が伸びることがある（なかには実をつけることも）。地元では『シッテ』と呼ばれており、豊かな大地と温暖な気候が生む宮崎ならではの風景といえる。このこと、シッテた？

宮崎のお米は
ホントてげ美味しい。
Mr.Bunny
幸

オキテ 72

田んぼの神様に豊作を祈願すべし。

田の神さぁ

▲「田の神さぁ」の石像

えびの市の田園風景の中に、**顔に白粉をつけたものや真っ赤なホッペをしたもの、困り眉のもの…**思わず「クスっ」と微笑んでしまう何とも愛嬌のある石像をいくつも見ることが出来る。地元民のイタズラか、はたまた現代アート!? いえいえ、これらはいたって真面目に昔からの風習として残る豊作の神様たちなのだ。その名も「田の神さぁ」。「たのかんさあ」と読む。

1724（享保9）年に中島地区に作られたものがえびの市で最古の石像とされ、現在市内には約150体が残されているという。カタチは「自然石型」「地蔵型」「神官型」「農民型」の4タイプに分けられる。お気に入りの「田の神さぁ」を見つけてみてはいかがだろう。

えびののお米が
特に美味しいのは
「田の神さぁ」の
おかげです。
Mr.Bunny
幸

オキテ 73

成人式と言えば宮崎。

▲成人式

「成人式発祥の地」そう石碑に刻まれているのは諸塚村の中央公民館。

「国民の祝日に関する法律」によると、成人の日は1948（昭和23）年に制定され、翌年24年に最初に国の祝日として行われている。これに対し、諸塚村ではその2年前の昭和22年から独自に『成人祭』という名称で、男性20歳、女性18歳の若者たちを集め、合宿をしながら成人のための講座を行い、最終日には全員に修了証書を手渡したのが始まりなのだという。これは、当時の村長・藤井長治郎を始めとする村人たちが、**敗戦によって失われた希望と誇りを取り戻そうと、その熱い思いを若者たちへ託したものだった。**成人式の存在意義が問われる昨今、心洗われるエピソードだ。

また、
木城町では
1月1日が
成人式です。
Mr.Bunny
ビックリ

オキテ 74

注連縄《しめなわ》は一年中かけておく。

▲高千穂峡（宮崎県高千穂町）

▲高千穂神社（宮崎県高千穂町）

お正月の風物詩でもある「注連縄」。ところが、神話の郷・高千穂では、**一般家庭はもちろんお店なども玄関には当然のごとく一年中、注連縄がかかっているのだ。**七五三縄といって右から7つ、5つ、3つの房が付いているのがこの地域の注連縄の特長。これは天神七代、地神五代、日向三代と言われている神々をそれぞれ表しており、厄を入れないなど無病息災の願いが込められているなどと言われている。年末には一年かけられた古い注連縄を新調する家庭も多いようだ。

ちなみに、伊勢神宮のある伊勢志摩地方や熊本の天草でも、一年中注連縄がかけられている風景が見られる。

まあ、高千穂には
1年中神さまが
いらっしゃるからね。
Mr.Bunny
幸

オキテ 75

家を建てる時は「せんぐまき」をすべし。

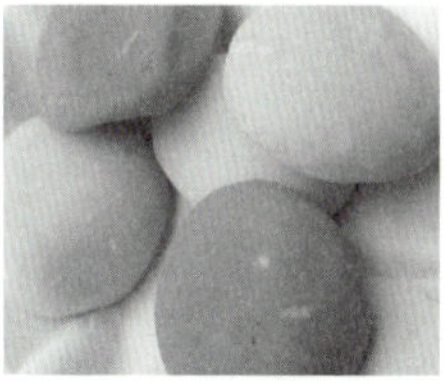

▲ふるまわれる餅

特に40代以上の人たちは子どもの頃、近所に新しく家が建つと棟上げ式がおこなわれる日を心待ちにしていた人も少なくないだろう。だって、上から餅やお菓子に5円玉が目一杯降ってくるんだから♪

「あ～、せんぐまきのことね」なんて言っているアナタ。他県の人からは間違いなくぽかんとされるのだ。「せんぐまき」とは宮崎特有であって、**他県の多くでは「餅まき」と呼ばれることが多い。**当然、餅をまく際のかけ声「せ～んぐ、せんぐ～!」も珍しがられることだろう。ちなみに、熊本地方では「ひとぎ」と言われ、かけ声も「ひと～ぎ、ひと～ぎ!」だ。「せんぐ」というのは恐らく「散供（さんぐ）…米や銭をまき散らして神仏に供えること」から来ており、「さんぐ」が訛って「せんぐ」になったのではと言われている。

お金持ちの家では、500円玉や千円札が入ってた!
Mr.Bunny
ビックリ

オキテ 76

日本で唯一の焼畑農業を椎葉村でおこなっている。

平家の隠れ郷といわれる椎葉村。この山深い郷で太古の時代より伝わる焼畑農業を日本で唯一、今も守り続けている家族がいる。TVや映画、書籍などでも取り上げられて一躍有名人となった「クニコおばば」こと、椎葉クニ子さんの一家だ。

焼畑農業とは、森を切り開き大地を焼いた後に灰となった草木を肥料とし農地とする農業のこと。微生物が豊富な土壌のため、食物はこの上なく美味しく育つ。農地として利用できるのは地力が低下するまでの4~5年。また別の場所を切り開き、畑に変える。役目を果たした大地が再び森に戻るまで20年以上かかるという。土地もなく、生産性を求める現代の日本では到底無理だと思われていた世界がそこにある。

貴重な経験を求め、椎葉家の民宿「焼畑」には全国から多くの人たちが訪れている。

オキテ 77

待ち合わせは「ミスド前」。

mister Donut

「◎◎時にバンガイのミスド前ね」。宮崎市民なら一度は使ったことのあるフレーズなのでは？「バンガイのミスド」、正しくは「ミスタードーナツ一番街店」。アーケード内で雨に濡れることなく、わかりやすい場所だからか、いつの頃からか自然と待ち合わせの定番スポットになった。多い時には通行の妨げになるほどというから、営業妨害にならないのかと心配になるが、さすがそこは愛されるお店だけあってきっと懐が深いのだろう。

Mr Bunny
笑
昔は「田中書店」前
だったけどね〜。

オキテ78

「買い物に行く」と言ったらイオンに行くこと。

全国津々浦々、どこへ行っても見ないまちはないのではというほど、増え続けているピンクのマークでおなじみのイオン。最近では映画館なども入った超大型施設も登場し、立派なアミューズメントパークといっても過言ではない。もちろん宮崎市民にとってもイオンは生活に欠かせない存在となっているようだ。

２００５年に市内にオープンした**イオンモール宮崎は九州最大級の規模**を誇り、オープン時は周辺道路に渋滞が発生した。未だに休日には5万人が訪れるというから驚きだ。

オキテ 79

「街に行く」と言ったら橘通りに行くこと。
また、「市内に行く」も橘通りに行くこと。

オキテ 79 「街に行く」と言ったら橘通りに行くこと。また、「市内に行く」も橘通りに行くこと。

橘通り
Tachibana St.
▲橘通り

橘通りは宮崎市のメインストリート。**西側にある西橘通りは通称「ニシタチ」と呼ばれる宮崎県内最大の飲食店街で、昭和30年からの古い歴史を誇る。**川端康成や檀一雄など様々な著名人にも愛されていたのだとか。一時は人通りの少ない時期もあったが、改めて観光地として活気を取り戻すべく大規模な整備を加え、地域の人々の努力もあり、再び盛り上がりをみせている。

面白いのが、ダイヤモンドビルとミスタードーナツ前に設置された手形モニュメント。地元出身の寺原隼人、井上康生、大山志保のほか、松井秀喜やオリバー・カーン、タイガー・ウッズなどアスリートたちの手形が揃っている。

毎晩の
「ニシタチパトロール」
を欠かしません。
Mr.Bunny
幸

オキテ80

謝りながら走るバスがある。

地元の人たちの生活とともにある宮崎交通の宮交バス。細やかな気配り、丁寧な運転をする運転手も多いというが、まさかここまでとは！注目したいのは回送中のバスの電光掲示板だ。

そこには、「すみません。回送中です」の文字が。人の良い県民性がそのままバスにまで表れている。いくらバス待ちにイライラしていても、この一文を見るとつい許してしまう。ちなみにレアバージョンの「すんません。回送中です」も。思わず運転手の恐縮した声が聞こえてきそうだ。

Mr.Bunny
幸
小学生の頃、初恋の女性は宮交のバスガイドさんでした!

オキテ81

「ハンズマン」にないものはない。

都城市を本社とするDIYホームセンター「ハンズマン」。今や宮崎県内に留まらず、長崎と佐賀を除く九州5県で活躍中だ。**有名なのが『ハンズマンに行けば必ずある』という思い切ったフレーズ。**実際に大げさではなく有言実行しているのが凄い。ひとつの店舗に22万アイテムを自負しているが、店舗に行って探しているものがない場合は取寄せてくれる。「ありません」を言わないという接客方針なのだ。どこまでもお客様第一主義のハンズマン。何と全店で早朝のオープン時から10時までコーヒーとパンの無料サービスを行っている。

1日中時間がつぶせる
アミューズメントパークや。
Mr.Bunny
喜

オキテ82 電車のことは「汽車」という。

いつの頃から人々は「汽車」から「列車」に呼び名をスライドしていったのだろうか。もちろん今でもお年寄りなどは「汽車」と呼ぶ人は多い。そして、**宮崎の人たちにいたっては何故か老若男女問わず「列車」ではなく「汽車」派が多いという。**

はっきりとした理由は分からないが、推測するに日常生活では自家用車やバスの利用が圧倒的に多く、そもそも「汽車」「列車」という単語を使う場面が少ないからかも。加えて、列車の利用となると長距離となり、駅弁を食べながら…なんて何となく旅情感を誘うため、「汽車」が好まれているのかもしれない。

Mr.Bunny
笑
僕も汽車って
言います…。

オキテ83

「新」を「NEW」と言う地名がある。

「新田原」と書いて「にゅうたばる」と読む。まさか「新」＝「New」!?ひと昔前に流行ったスナックのネーミング的発想!?

…と一瞬考えそうだが、そんな理由から呼ばれているはずもなく、どうやら「にいたばる」が訛っていきいつの間にか「にゅうたばる」におさまったようだ。新田原には航空自衛隊基地があり、ここで毎年12月に行われる航空ショーには毎回多くの人たちが訪れている。国内最強の技量を持ったパイロットたちの技には思わず息をのむ。

▲新田原基地の航空機

オキテ84

知人には必ず「黒木さん」がいる。

オキテ 84 知人には必ず「黒木さん」がいる。

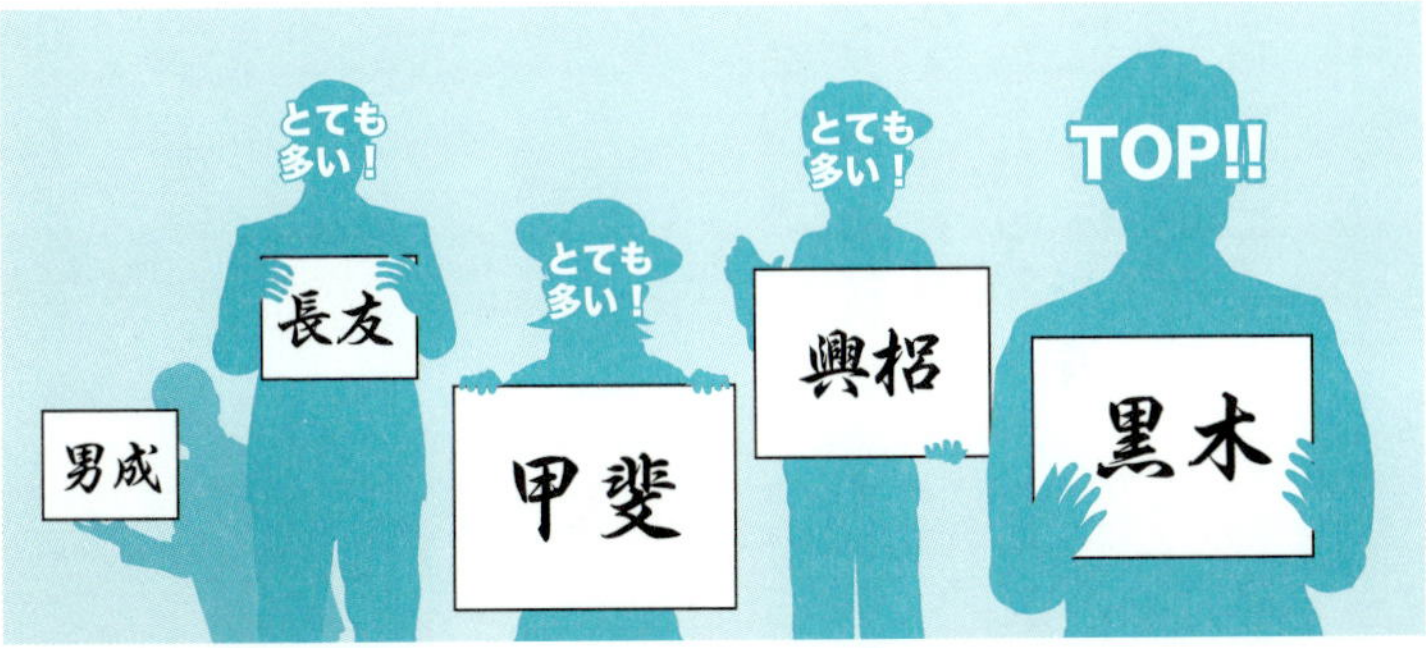

日本全国それぞれ県ごとに多く見られる苗字があるものだ。何となく南九州だと、なかなか読めないような変わった名前が1位なのでは…と勝手なイメージを持たれそうだが、**宮崎では意外や意外「黒木」がだんとつでトップ。携帯電話の電話帳の中も恐らく黒木がズラリと並んでいるはずだ。**

次に多くみられるのが「甲斐」。他にも「興梠（こうろぎ）」や「長友」も多い。ちなみにサッカーの長友佑都選手の出身は愛媛県だが、祖父が都城市の人だという。また、全国的に珍しく、なお且つその大半が宮崎県民という苗字が「男成（おなり）」。変わった苗字の宝庫県でもある。

オキテ85

「土々呂」はトトロの舞台ではない。

延岡市の「土々呂（ととろ）」。「トトロ」というフレーズを聞いただけでテンションが上がるジブリファンは多いはずだ。残念ながら、作品とは縁もゆかりもなく、バス停にも猫バスはやって来ない。せっかくなら大分県にある「轟（トトロ）」バス停をはじめ、全国にある様々なトトロ違いの場所みたいに観光名所にしてしまえばいいのに〜などと思ってしまうが、そこはブレない宮崎県民。とはいえ、ジブリファンにとっては「土々呂観音滝」に「土々呂港」、「土々呂小学校」…**「トトロ」と付くだけでやっぱりときめいてしまうのだ。**

オキテ 86

「トロントロン」は地名である。

児湯郡川南町に通称「トロントロン」と呼ばれる場所がある。**通称ではなく、交通標識にも「トロントロン」と書かれる歴とした地名。**その由来は数百年前にさかのぼりかなり古いようだ。何でもこの地域の湧き水が流れ落ちる水音を「トロントロン」と表したことから来ているとか。

全国に誇りたいこの地区の名物といえば「トロントロン軽トラ市」。農産物などを山積みにした軽トラが、川南町で一番の目抜き通り、トロントロン商店街に集結する朝市で、開催数、来場者数、出店数ともに日本一の軽トラ市なのだ（H26年時点）。

オキテ 87

県内外に全く浸透していない観光キャッチフレーズが存在している。

Mの国みやざき

「どげんかせんと…」ではない宮崎のキャッチフレーズをご存知だろうか『Mの国みやざき』だ。**Mは宮崎のMなの…だろう。**いや、黒豚のネーミングにも使用されていたようなのでMEATのM?ひょっとすると、宮崎県民さえ初耳かもしれないこのキャッチフレーズ。いまやググってもほとんどヒットしない。一体いつ、どの場面で使われていたキャッチフレーズなのか気になる。

オキテ 88

「こっせん」で年代が分かる。

「てげ、よだきーこっせん?」＝「すげー、めんどーくさくね?」（訳：「すごく、面倒くさくない?」）つまり、**「こっせん」とは「〜じゃん」のようないわゆる宮崎特有の若者言葉のひとつである。**使っているのは30代くらいまでが微妙なボーダーラインで、40代以上で使う人はほぼいない。「若者方言」の代表格だ。ちなみに同じように九州の若者方言で、熊本や福岡では相づちのとき「あーね」と言う。

「こっせん」なんか
使ったことないこっせん!?
Mr.Bunny
笑

オキテ 89 宮崎県民なら慎重にすべし。

宮崎県の県民性は「慎重」だといわれている。**あまり新しい話やおいしい話に飛びつくことを良しとしておらず、のんびりとした性格の人が多い。**

理由は不明だが、温暖な気候と豊かな海の幸、山の幸に恵まれていたこともあって、焦らずにこつこつと農耕をしたり海での漁に出ていれば、莫大な儲けはなくとも食うに困らないだけの糧は得ることができていたという点にあるのかもしれない。おだやかで長期的なものの見方ができるため、器の大きな人といわれることも多い。しかし、マイペースなので現代の競争社会では損をする面も多いかも。

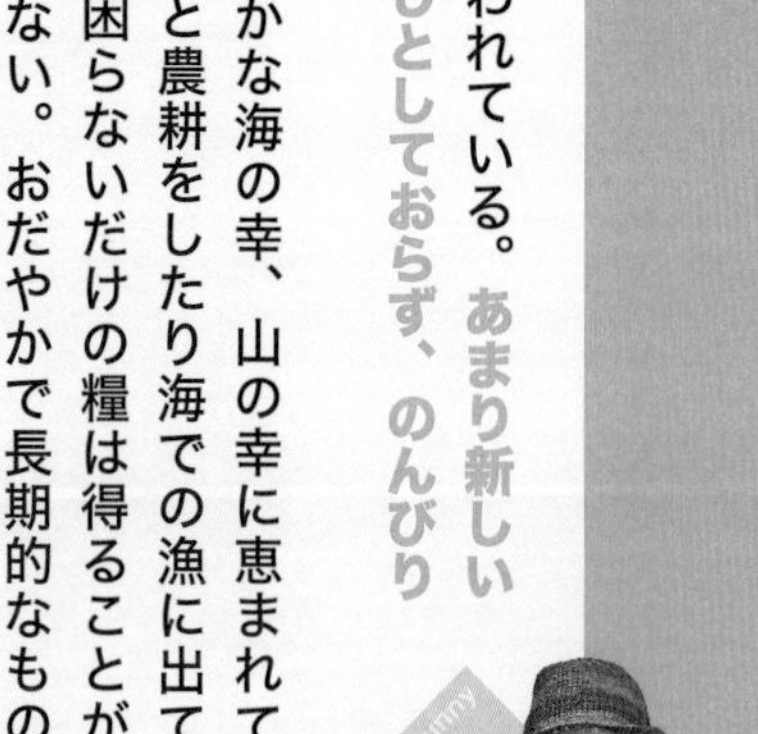
Mr.Bunny
幸
慎重というよりも
引っ込み思案な人が
多いかも。ちなみに
僕は「引っ込み爺やん」。

オキテ 90

慎重な県民性なのに離婚率が高い。

慎重だといわれるが、**実は離婚率は全国で4位前後**をうろうろしている宮崎県民。結婚にはあまり慎重性を発揮していないのかもしれない。実はこれには、相性や愛情だけではカバーできない難しい問題がある。宮崎県民の個人平均年収は、全国で36位。そのため、共働きの家庭が多いといわれており、奥さんが自分の収入で自立して生活していこうと考える人が多くなるからだという説がある。これは宮崎男子、大問題である。

知り合いの
3人に1人は
離婚経験者やな。
2回や3回の
人も多い。
Mr.Bunny
ビックリ

オキテ91

けれど、幸せな夫婦率日本一。

▲宮崎県は「夫婦の幸福度、日本一」

しかし、ご安心を。**ある婚活支援サービス会社の独自調査によると、宮崎県は「夫婦の幸福度、日本一」だそうだ。**女性が自立することにより互いを支え合い、尊敬し合う関係を築きやすいのかもしれない。

そしてまことしやかに言われているのが、「女性の一夜限りの関係率が日本一」。ある雑誌の独自アンケートによると、「女性のワンナイトラブ経験率」は、全国平均が39％に対し、宮崎女性は、なんと61・5％という数字が出ているらしい。「そんなことないわよ！」という宮崎女性の声も聞こえてきそうだが、あくまでアンケート上の結果なので、笑って読んでいただきたい。

のんびり屋の男性とおおらかな女性のカップルが、幸せ夫婦の秘訣なのかもしれない。

カミさんに
逆らわない事が
一番やな。
Mr.Bunny
幸

オキテ 92

実は肥満率が高い。

厚生労働省が２０１０年に行った調査によると、宮崎県の男性の肥満率は約45%。**全国第2位**という結果が出ている。宮崎男子、再び大問題である。先述の「のんびりとした県民性」がＢＭＩ値にも表れているのか、車社会だからなのか。そこで立ち上がったのが、宮崎県が誇るご当地ヒーロー「天尊降臨ヒムカイザー」だ。ちびっ子たちに大人気のヒムカイザーは、日頃のヒーロー活動の賜物か、すらりとしたボディをキープしている。そんなヒムカイザーが「脂肪にパンチ！運動不足にキック！」をテーマに「アクショントレーニングＤＶＤ」を制作している。これでパパもヒーローのように肥満解消！できるかも？

Mr.Bunny
笑
結果に
コミットせんにゃ
いかんな。

オキテ93 しかし、スポーツは大好き。

肥満率の高さの後に紹介すると矛盾するようだが、実は宮崎県民のスポーツ実施率は全国トップクラス。温暖な気候でスポーツを行うには最適な環境であることは、野球やサッカーなど数多くのプロチームがオフシーズンのキャンプ地に選んでいることからも明らかだ。そのため、県民も草野球やゴルフ、サーフィン、フットサルなどを楽しんでいる人が多いとされている。では、なぜ肥満率が高いのか？実証されているわけではないが、スポーツで汗をかいた後のチームメイトたちとの打ち上げが多すぎるのかも！（焼酎消費量全国一位というオキテ47につながる…）

俺にとっては
打ち上げも
スポーツです!
Mr.Bunny
笑

オキテ94

スギは多いが花粉症は多くない。

▲杉

宮崎県はスギの生産量が日本で一位。綾杉などのブランド木材も数多く、日本各地の住宅に宮崎県のスギが使用されている。

それでは、スギ花粉による花粉症の発症率も高いのかといえば、そうでもないらしい。環境省が調べたスギ花粉の飛散量が目立って多いのは、いずれも関東地方。そして花粉症の発症率は東京などの都市部で高まっているという。都市部では地面がアスファルトに覆われていることが多く、飛散した花粉が土に吸収されずに飛散し続けていることに起因しているのだとか。つまり、**宮崎県はスギの生産量が多くても自然が豊かなため、土が花粉を吸収してくれているのだ。**

オキテ95

牛がハードルを跳ぶ!

▲牛越祭（宮崎県えびの市）

華麗なジャンプでハードルを飛び越えるのは馬術競技の花形でもあるが、宮崎県では、牛がハードルを跳ぶ。この不思議な光景が見られるのは、えびの市の「牛越祭り」。毎年7月28日にえびの市内の菅原神社境内で開催されており、直径25センチメートルの丸太を地面からの高さ50センチメートルの位置に設置。その上を牛に飛び越えさせるのだ。飛ぶのは調教を受けた専用の牛ではなく、普通の子牛。身軽な子牛たちは、飼い主に手綱を引かれながら、軽々と丸太を飛び越えていく。**この祭りは400年以上の歴史を持ち、春の農耕で疲れた牛たちを静養させる（牛越＝牛肥え）という意味があるという。**静養させるのに更なる運動を課しているような気もするが、牛たちへの愛情をもって願をかける、地域の大切なお祭りなのだ。

牛も家族同然なんです。
でも、牛にとっては
モォ～大変。
Mr.Bunny
幸

オキテ96

えびの市の「馬頭観音祭り」は家畜を敬う踊りを舞う。

オキテ 96 えびの市の「馬頭観音祭り」は家畜を敬う踊りを舞う。

▲馬頭観音祭り

昔から農耕で生計を立てていた人が多かったえびの地域では、家畜のためのお祭りは「牛越祭り」だけではない。

えびの市南原田の八幡丘公園には、馬頭観音を祀った相馬神社が建てられており、毎年五月に家畜を称える祭礼が行われる。そもそも馬頭観音とは、観音菩薩の変化身のひとつとされており、優しい顔と憤怒の顔、ふたつの顔を持つとされている。毎年5月には家畜の無病息災を祈る「馬頭観音祭り」が開催されており、**農業の手助けをしてくれる牛や馬たちのための舞いが踊られる。**こうした馬頭観音を祀るお堂やお祭りは、えびの市に隣接する小林市でも多く存在しており、古くからの地域の風土を今に伝えている。

オキテ
97

ひょっとこで皆を笑顔にすべし。

▲日向ひょっとこ祭り
（宮崎県日向市）

宮崎を代表するユニークなお祭りといえば、日向市の「日向ひょっとこ祭り」だろう。この祭りの歴史は比較的新しく、第一回目の開催が昭和59年。人々の生活スタイルの変化などにより地域の絆と特色が無くなってしまうことを危惧した青年会議所と、地域に古くから伝わる踊りを継承してきた橘ひょっとこ踊り保存会のメンバーが立ち上がり、地域おこしの一環として「日向ひょっとこ祭り」を開催。赤い着物に白い帯、白いふんどしをつけたひょっとこやオカメの面を被った人々が、コミカルでちょっぴりエロチックな動きの踊りで見る者を笑いの渦に誘っていく。現在では毎年8月第1週の土曜日に開催され、多くの観光客が日向市を訪れている。ギャラリーももちろん楽しみながら見ているが、**一番楽しんでいるのは、踊り手のひょっとこたちだろう。**

番組の企画でひょっとこが
世界を旅した事がある。
みんなを笑顔にしたよ!
ひょっとこで世界をひとつに!
Mr.Bunny
幸

オキテ
98

神輿で海を渡るべし。

▲青島神社鳥居と鬼の洗濯板

▲海を渡る祭礼（宮崎県宮崎市）

海幸彦と山幸彦の伝説が残る青島神社。周囲を囲む奇石「鬼の洗濯板」が作り出す自然の美しさも相俟って、宮崎市屈指の観光名所として知られている。

こちらで毎年7月に開催されているのが「海を渡る祭礼」。海の安全と豊漁を祈るこの祭りの参加者は、22・23歳を迎える氏子の男女。彼らは準備から当日の運行まですべてを自分たちで執り行い、**無事に祭りを終えることで一人前の大人として認められる。**土地の先輩たちに怒られながらも必死に準備を進めていく若者たち。2日間の祭りがすべて終わった時には、かけがえの無い絆が生まれている。祭礼の準備中に絆を深めた彼らの中には、そこから夫婦となる男女も多いという。縁結びの神社としても有名な青島神社が結んだ夫婦の縁は、きっと強く結ばれることだろう。

オキテ 99

泥しぶきを浴びて無病息災を祈る。

▲御田祭（宮崎県美郷町）

ダイナミックなお祭りといえば、美郷町の「御田祭」。**町内の田代神社で1000年以上に渡り続けられている田植え祭り**で、平安時代の農耕行事を今に伝える行事として民俗学的観点からも価値が高いとされている。平安時代の歌謡が伝えられており、当時の稲作神事の様子を体感することができる。

ご神体を降ろした神輿が宮田（神社に属する田）に入り練り歩き、その後、田の神様を起こすため牛馬が入って盛大に泥しぶきを上げ駆け回る。そうして宮田が整地されると、早乙女姿の女性たちが田植えを行う。牛馬が上げる泥しぶきを浴びると無病息災のご利益があるといわれており、参拝者たちは笑顔で泥を受ける。厳かさと笑いに満ちたこの祭りのため、全国から多くのアマチュアカメラマンがやってくる。

オキテ100

高千穂には、鉄製の狛犬がある。

▲高千穂神社（宮崎県高千穂町）

▲鉄道獅子狛犬（宮崎県高千穂町）

神社でよく見かける狛犬。石で作られた物ばかりと思いがちだが、**実は全国に5体だけ、鉄製の狛犬が存在している**ことをご存知だろうか。しかも鎌倉時代に造られた2体（阿吽一対）の鉄製狛犬が、高千穂町の高千穂神社と同町の向山神社に奉納、現在も大切に保管されている。つまり、5体中の4体が高千穂内に存在しているのだ。

高千穂神社の、阿形・吽形の一対の狛犬は、鎌倉時代後期の製造とされており、当時最高の技術を結集して造られたもので、源頼朝が名代を立てて奉納したといわれている。鎌倉幕府の最高権力者である頼朝が祈りをこめた狛犬たちに、会いにいってみよう。

月刊 九州王国

九州発の人、モノ、文化、そして経済を伝える総合情報誌

日南市　飫肥城

毎月15日発売　定価500円（税込）

九州のいいとこ、もっともっと掘り下げよう!

「九州の文化の振興と経済の発展に寄与する」ことを編集方針として、歴史や文化、食、観光、経済、貿易など多岐に亘る「九州の豊富な資源」を取り上げて毎号特集にしている文化情報誌。九州の人には、未だ知らなかった地元の新しい魅力や意外な歴史に気付き、さらにこの土地を愛していただけるように。九州以外の人には、さまざまな「資源」が詰まったポテンシャルの高い土地である九州へ興味を持ち、より積極的に訪れていただけるように。九州全体を盛り上げていきたいという願いを込めて、毎号斬新な切り口で編集しています。

また、九州がアジアの玄関口を目指すよう目はアジアにも向き、九州・アジア間の文化的・経済的交流や、アジア各国の情報も積極的に取り上げています。

監修
Mr.Bunny

月刊九州王国編集部 著

執筆
上田瑞穂
屋成雄一郎
諸江美佳
中川内さおり

デザイン·DTP·カバーデザイン
有馬沙里

宮崎共和国のオキテ100ヵ条
~年齢は「こっせん」で計るべし!~

2015年 12月25日 第1版·第1刷発行

監修者	Mr.Bunny（みすたーばにー）
著 者	月刊九州王国編集部（げっかんきゅうしゅうおうこくへんしゅうぶ）
発行者	メイツ出版株式会社
	代表者 前田信二
	〒102-0093 東京都千代田区平河町1-1-8
	TEL：03-5276-3050（編集・営業）
	03-5276-3052（注文専用）
	FAX：03-5276-3105
印 刷	株式会社厚徳社

ISBN978-4-7804-1689-3 C2039 Printed in Japan.

メイツ出版ホームページアドレス http://www.mates-publishing.co.jp/
企画担当：大羽孝志 制作担当：清岡香奈